精准落实
解决问题见成效

邹美玉 ■ 著

中华工商联合出版社

图书在版编目（CIP）数据

精准落实：解决问题见成效 / 邹美玉著. -- 北京：中华工商联合出版社，2025.4. -- ISBN 978-7-5158-4207-3

Ⅰ．G442

中国国家版本馆CIP数据核字第2025BH6979号

精准落实：解决问题见成效

作　　者：	邹美玉
出 品 人：	刘　刚
责任编辑：	于建廷　臧赞杰
装帧设计：	周　源
插　　图：	张　茁
责任审读：	傅德华
责任印制：	陈德松
出版发行：	中华工商联合出版社有限责任公司
印　　刷：	北京毅峰迅捷印刷有限公司
版　　次：	2025年5月第1版
印　　次：	2025年5月第1次印刷
开　　本：	787mm×1092 mm　1/16
字　　数：	230千字
印　　张：	16
书　　号：	ISBN 978-7-5158-4207-3
定　　价：	48.00元

服务热线：010-58301130-0（前台）
销售热线：010-58301132（发行部）
　　　　　010-58302977（网络部）
　　　　　010-58302837（馆配部）
　　　　　010-58302813（团购部）
地址邮编：北京市西城区西环广场A座
　　　　　19-20层，100044
http://www.chgslcbs.cn
投稿热线：010-58302907（总编室）
投稿邮箱：1621239583@qq.com

工商联版图书
版权所有　侵权必究

凡本社图书出现印装质量问题，请与印务部联系。

联系电话：010-58302915

目　录

第一章
态度为王：态度决定一切

工作真的是"眼前的苟且"吗	003
工作的唯一目的——解决问题	006
工作的四层境界	009
怕，你就输了	012
解决不了问题是因为你不够优秀	016
N个困难，N+1种方法	019
爱学习才有未来	022
"没有问题"最可怕	025

第二章
目标为灯：方向正确，虽远必达

定位决定你的上限	033
这样的目标才有用	037
制定目标的原则	042
不能踩的目标"雷区"	046
制度是目标的"保镖"	049
一次一目标	053

I

第三章
计划为基：没有计划就是在计划失败

胜利藏在谋划中	061
一个清单熨平一天的狼狈	064
时间是计划出来的	067
计划外有计划	070
"做了"不如"做好"	073
第一次就把事情做对	076
黄金时间发挥黄金价值	081

第四章
执行为舟：执行到位，多干不累

心动不如行动	089
勤奋是执行的养分	092
99%的执行最终是失败	094
做事想"如何"终得好结果	097
专注是最好的武器	101
习惯依赖就是习惯失败	106
最佳的开始时间是现在	110
"分""秒"必争	113
守少则固，力专则强	116

第五章
沟通为桥：上下畅通，战力大增

让步不是失败	123
单打独斗已是过眼云烟	125
人际管理的四个原则	129
尊人者，人尊之	133
不做职场"孤岛"	136
团队合作这样做	139
宽容是一种力量	142
最是亲和能致远	146

第六章
效率为魂：高效是剑，无坚不摧

工作是一道排序题	153
时间"空""闲"有别	156
合作的本质就是借力	158
拖延是效率"杀手"	161
工作需要"三头六臂"	164
多做才是捷径	168
细节决定成败	171
能力是训练出来的	175
管理时间是职场必修课	179

第七章 精准思维，工作落实落细

- 掌握工作的"精度" … 185
- 结构化思维：杂乱记忆整理术 … 188
- 知责，明责，负责 … 191
- "不可能"就是用来挑战的 … 196
- 大事就是把小事做细 … 200
- 重点思维，要事为先 … 203
- 处处留心皆学问 … 208
- 走少有人走的路 … 210

第八章 精准落实工具箱

- 5-WHY分析法 … 221
- 逻辑树 … 225
- SCQA架构 … 228
- MECE法则 … 231
- 3C分析法 … 234
- 头脑风暴 … 237
- 时间管理象限法 … 239
- 工作日志 … 241
- 问题拆解法 … 245

第一章
态度为王：态度决定一切

第一章 态度为王：态度决定一切

工作真的是"眼前的苟且"吗

当下，不少年轻人热衷于谈论"诗和远方"，把眼前的工作和生活视为"苟且"。在他们看来，理想的生活就应该是抛弃所有的苟且，在远方过着诗一样的生活。真可以那么理想吗？现实告诉我们，那些放弃了眼前的"苟且"去远方寻找"诗"的人，到头来的结果往往是：过不好眼前的人，到了远方还是苟且。

工作这件事，永远都少不了辛苦，无论哪一个行业，无论什么样的职位，都必然需要付出心力。但我们不能不去工作，它是一个成年人安身立命的根本，也是不可逃避的责任。每个人都得先保证生存，养活自己和家人，才有资格和条件去追求个人的理想，过想要的生活。

一家事业单位正处在转型阶段，薪资待遇和环境都不太理想，但前景还是很乐观的。在此就职的三位年轻人，心高气傲，都觉得这片天空不够自己飞翔，就抱团提出停薪留职，另谋高就。结果，没有一个人闯出名堂，三人又灰溜溜地回到了原来的部门。看着原本属于自己的位置，被后来者稳稳地坐着，虽然表面上看起来淡定自若不计较，可是烟灰缸里的烟头、宿舍的满地狼藉、脸上忧郁的表情，却是骗不了人的。他们内心深处不免懊悔当初欠考虑所做的决定。曾经，他们都是有前途的年轻人，可因为不甘忍受平凡，未能找到工作中自己的价值，留下了一生的遗憾。

虽说市场经济处处有机遇，可是别忘了，大浪淘沙，能在竞争中留下的毕竟都是极少数。在就业形势严峻的今天，能够拥有一份工作不容易，无论是否喜欢，都应当努力把它做好。这份工作是你安身立命之本，若只因为它满足不了虚荣心，或是看不起它的琐碎平常，就盲目辞职，受损失的必将是自己。

工作就像身体里的血液，若连一份工作都没有，都做不好，又谈何理想与价值？难道，追求理想的路不需要付出辛苦吗？不需要忍受寂寞和孤独吗？成功的根本不在于所做之事大与小，而在于我们用什么样的态度去做。唯有珍惜工作，重视工作，才能对工作产生一种爱的情愫，释放出对工作的积极性和创造性，毫无保留地投入到所做的事情中，丰富自己的经验，提升思想与内涵。

2005年被评选为"感动中国十大人物"之一的马班邮路上的信使王顺友，对自己的工作，他是这样说的："1985年，走了一辈子马班路的父亲，把他手里的马缰交给了我。他跟我说：'父亲老了，走不动了，这个班今后就交给你。'那年我才20岁，我走的路就是父亲走过的路，一走就是20年。

"我走的路，人烟稀少、气候恶劣，多数时候只能露天宿营，在山岩底下、草地上、大树底下搭个简易的帐篷就睡……最苦的是雨季，常常摔得满身是泥，夜里也只能裹一块塑料布睡在泥水里。到了晚上，山里更是静得可怕，我燃起火，也想家中的妻子儿女。其实，这些年我最难受的是觉得对不起我的家人，特别是对不起妻子和父亲。但我不能对不起邮路上的父老乡亲……我不怕困难，不怕吃苦，就怕别人说我工作没做好，做人不厚道。只要大家说我是个好人，是个合格的共产党员，我就满足了。"

王顺友先进事迹报告团，在全国各地做了多场报告，场场爆满。与其说是他的事迹感人，倒不如说是他对工作的态度引起了人们的共鸣与深思。在躁动的时代，王顺友的出现，就如同一壶清澈的水，给人们做了一次精神洗礼。

说实话，很多人的工作条件、生活条件、薪资收入都比王顺友要好、要高，却还是觉得工作没意思、没前途，他们缺少的不是物质的激励，而是精神上的信仰。如果我们都能有王顺友对待工作的态度，自然会明白什么是把工作当成事业，体会到秉承信念去做事的价值感和幸福感。

一位企业家说："我的员工中最可悲也是最可怜的一种人，就是那些只想获得薪水，而对其他一无所知的人。"那么，在工作这件事情里，除了薪水，我们还应该把目光投向哪里呢？答案有很多：学习、成长和理想。

同样一件事，对有工作信念的人来说，他会力求完美；对没有信念的人来说，就是无奈不得已而为之。当我们把工作与自己的职业生涯联系起来，秉持一份坚定的信念，才能够平和地化解工作中的一切问题，并从中体会到使命感和成就感。在平凡中坚守，是每个人都应当持有的事业观与价值观。

工作的唯一目的——解决问题

你有没有想过，工作的实质到底是什么？

其实，答案很简单，就是解决问题。

从接受一项既定的任务，到各种突发的状况，我们要做的就是把问题处理掉，得到一个满意的结果。完成了，做好了，那就是成功；没做好，放弃了，那就是失败。两者的分水岭就在于，能否找到有效解决问题的办法。

不少人都觉得，成功者胜在天赋和机遇。不可否认，天赋的确是一个重要的影响因素，机遇也是外界的助力，但是别忘了，内因决定外因。所有的成功者，都有一个共同的特性，那就是遇到麻烦的时候，绝对不会逃避，而是会主动去找方法。他们坚信，只要找对了方法，再大的问题都可以迎刃而解。

飞利浦电器公司是世界知名的电子公司，从1891年成立至今，经历了一个多世纪的风雨飘摇，依然在市场中傲然矗立。这一百多年间，发生了两次世界大战，经历了世界经济大萧条，可这些外界的震动并没有将它摧毁,它依然占据着跨国电子巨头的位置。

很多人都在思考:飞利浦是如何做到的?经历了这么多磨难,它怎么就能够屹立不倒呢?要回答这个问题,不是三言两语就能概括的,一个组织的持续发展有多方面原因,但其中有一点毋庸置疑,并且非常重要,那就是飞利浦从管理者到员工,都是善于主动寻找方法解决问题的人。

1891年,杰拉德·飞利浦在埃因霍恩创建了飞利浦公司,主要制造白炽灯和其他电器。从它诞生的那天起,飞利浦就决心把它发展成为世界上最大的电器公司。最初,公司的业务很繁杂,作为老板的杰拉德·飞利浦,每天都在各个城市之间奔波,洽谈合作业务。不久后,他发现,即便这么努力,公司的业绩还是在下滑,于是他决定和合伙人分工合作:合伙人依旧到其他城市谈业务,杰拉德则在公司寻找业绩下滑的原因。

杰拉德没有单纯地召开全体会议,共同探讨业绩下滑的问题,他只是每天准时出现在公司,下班后再离开办公室回家。就这样持续了一个月后,杰拉德发布了一项人事任命,决定让接待员艾格女士担任人事部的主管。

对于这个决定,杰拉德解释说:"我之所以让艾格女士担任人事主管,最主要的原因是,我在整个公司里,只看到她一个人在主动解决问题,而其他人在问题出现后,所做出的举动,都是在回避问题,甚至有很多问题都是艾格女士帮助解决的。所以,我任命她来做人事主管。我相信，这样的决定是对的，即使我不在公司，公司依然能够正常运转，不会出现问题。从现在开始，我要培养那些主动寻找方法解决问题的人。"

一个组织的发展，仅靠管理者的力量是远远不够的，必须凝聚所有人的力量，朝着共同的目标去努力。在遇到问题的时候，就算领导不在，员工依然有主动解决问题的能力，这样的组织才有持久的生命力。

不可否认，工作中会有很多棘手的难题，看起来毫无头绪，着实不知道该从哪儿下手。面对这样的烫手山芋，多数人都会选择回避或推脱，倒也不是不想负责任，只是缺乏信心，不相信自己能够处理好。实际上，越是这样的时刻，越应当保持冷静，去思考和寻找方法，而不是在心里给自己下定义说：我做不到。

当自己无法解决问题的时候，你还有求助的对象，上司、同事都能助你一臂之力。结合众人的想法，很有可能就能找到解决问题的思路。生活中有很多例子提醒我们，没有一个问题是无法解决的，关键是你有没有去找方法，问题不会自动解决，只有敢于正视问题，有解决问题的责任担当，才可能有解决办法。这就像开锁一样，不是没有钥匙能打开它，只是你没有找对那把能开锁的钥匙。

世间没有无解的问题，遇到麻烦的时候，别总想着没办法了。对待工作，我们都应该在内心树立这样的信念：每个人都是创造者，生活中处处都有转机，只要肯去寻找方法，就没有解不开的结。

工作的四层境界

著名学者和教育家谢觉哉说过，最好不要在夕阳西下的时候去幻想什么，而要在旭日初升的时候即投入工作。

世上没有不劳而获的事，想让生活和工作赋予你什么，先要无条件地付出和投入。

一位退休干部在教诲初入职场的后辈时，总喜欢传递这样一个观点："不管将来干什么，一定要全身心地投入到工作中。若能做到这一点，就用不着担心前途了。世界上到处都是散漫粗心、三心二意的人，心无旁骛、全身心投入工作的人，永远不用发愁没有工作。"

回过头看现在的不少年轻员工，总在抱怨工作太辛苦，薪水又太低，在公司做了好几年仍然没有得到提升，满心都是委屈，感叹着世道的不公。诚然，人人都渴望回报，但没有哪一份得到是从天而降的。在抱怨工作之前，是否更应当扪心自问一下：我是如何对待工作的？我为工作投入了多少精力？是不是真的竭尽全力了？坦诚地面对自己，面对现实，很容易就能找到答案。

A和B都是以应届毕业生的身份入职，能力不相上下，都在办公室做销售。三年后，A成了销售组长，B却早已被淘汰离职。两个人的起点是一样的，公司的环境也无分别，为什么会有如此迥异的结局呢？

得到晋升的A，从开始上班就透着一股精气神，全心扑在工作上，不管领导分派的客户多难"伺候",他都尽最大努力去维护,就连周末的时间也心甘情愿搭进去。业务最紧的那段时间,他经常加班到八九点钟,没有任何怨言。为了提升能力,他还特意报了一个职业培训班,整个人始终处在向上攀登的状态中。

B就比较糟糕了,每天都是掐着点来,踩着点走,还没到下班的时候,心就飞了,迫不及待地想要离开办公室。他的生活很丰富,几乎每天下班后都有饭局。工作虽然没有犯过什么大错,但业绩平平,偶尔碰上加班的情况,怨声载道,好像公司剥夺了他的自由。私底下他最爱说的话就是:"那么拼命干吗?我又没打算在这里待一辈子……"

没有危机感的B,很少主动联络、拜访客户,都是维护领导给的那些客户,总是希望从熟悉的圈子里多拉点业务。毕竟,拓展新业务是最辛苦的,还经常碰壁。后来,为了激励员工,也为了筛除能力不足的人,公司开始实行末位淘汰制。这样一来,抱着混日子想法的人,是不可能混下去了,业绩明摆着,做多做少有目共睹。就这样,B在改制的第二个月被迫离职。

此时,一头钻进工作中的A,业绩做得很好,职业能力也得到了提升,偶尔还能对公司的新进员工进行培训。渐渐地,公司领导发现了他有管理才能,就升他为销售组长。

工作不仅仅是谋生的载体,也是实现个人价值的平台。既然它赋予了我们需要的一切,我们有什么理由不全身心地投入其中呢?偷奸耍滑、敷衍糊弄,看起来好像赢得了轻松,其实在浪费自己的生命;不钻进工作中，就不会有能力的提升，也不会有思想的升华，更不会做出惊人的成绩。全身心地投入，不只是为了对得起老板给的工资，更重要的是对得起自己的人生。

星巴克的创始人霍华德·舒尔茨写过一本书，名叫《将心注入》，它讲的就是一个人事业能否成功，关键在于有没有"将心注入"。我们在前面也提到过，不少人都是只用手工作，即用身工作，而心却游离在工作之外，没有真正把心思集中在工作上。看似是在忙碌，其实投入到工作中的精力并不多，业绩也不会好到哪儿去。

工作有四层境界：第一层境界就是应付，完成别人交代给我的事，做完了就完了；第二层境界是探索，想把工作做得好一些，但标准不太高；第三层境界是用心，努力把工作做得更好；第四层境界是全身心投入，不是为了完成交代的任务，而是为了追求心中的一种境界，全力以赴地把任何工作最大限度地做好。

现在，请扪心自问：你处在工作的哪一层境界，是应付还是全身心投入？

有人可能会说，我也想全身心投入，但提不起精神，总觉得无聊，无所适从。这样的情况不是个案，为什么会有人乐此不疲地投入到工作中？有什么力量在支撑着他们？

答案只有一个：对理想的执着，对美好的追求。有了高远的目标，不是只看眼前，才可以忍受别人不能忍受的东西，排除干扰，钻到所做的事情中。有追求的人，时刻秉持着"做一行就要做到最好"的心态，投入全部的精力。

不要把事业的失败归咎于工作卑微，这是没有道理的。人生的价值是靠自己的努力换取的，你付出得少，抱怨得多，自然不能奢望天降机遇。同样的环境，同样的条件，一定是谁耕耘得多，谁收获得多，这是工作的准则，也是人生的准则。记住一句话：生活不相信抱怨和眼泪，只相信投入和付出！

怕，你就输了

生活就是一个问题叠着另一个问题，日子就是不断地解决层出不穷的问题。没有谁的人生可以避开难题，更多的时候，我们都是身处各种问题的交织中，找不出头绪，不知道该怎么解决。在这样的百感交集中，很多人就开始觉得，困境是难以突破的，自己没有能力解决。

有句话讲得好："狭路相逢勇者胜。"在同样的问题面前，谁的勇气多一些，谁的胜算就多一些。所谓勇气，不是内心没有迟疑和恐惧，而是明知道有这些情绪在作祟，却依然可以咬着牙前行，去寻找处理问题的办法。

松下幸之助年轻的时候，家境很贫穷，不仅要担负养家糊口的重任，还得供弟弟妹妹上学。有一回，他到一家电器工厂谋职，当他走进人事部跟其中的一位负责人说明自己的来意后，对方直接回绝了他，说暂时没有招人的计划，让他过一个月再来。其实，对方是看他瘦小枯干，穿着肮脏，实在不适合在电器工厂上班，哪怕只是一个最基本的工作，也不愿意提供给他，就找了一个冠冕堂皇的理由。

这本是拒绝松下幸之助的一个托词，可那位负责人没想到，过了一个月后，松下幸之助真的来了。那个人又推脱说："再过几天吧！"就这样，他反反复复地说了好几次。当松下幸之助再次来到这家电器工厂后，那位负责人终于压抑不住内心的真实想法，直言相告："像你这样穿得脏兮兮的人，是没有办法在我们工厂里上班的。"

听到这番解释，松下幸之助很快就向周围的邻居借钱，买了一套像样的衣服穿上，再次进入那家工厂。负责人一看，这个年轻人如此执着，就对他说："你对电器的知识了解得太少了，我们不可能浪费时间去培养一个新人。"说这番话时，负责人心想：已经给他出了这么大的难题，他应该不会再来了吧？！

没想到，时隔两个月，松下幸之助再次出现在那位负责人面前，他自信地说："我已经掌握了不少电器知识，您看我还有哪儿需要学习和改进的，我都会补上。"负责人看着松下幸之助，感慨地说："小伙子，我真的很佩服你的毅力和勇气。面对这么多次的拒绝和刁难，你都没有生出恐惧和退缩，如果你一直这样不畏困难，我相信你会有不菲的成就。"

事情的结果可想而知，松下幸之助打动了那位负责人，得到了一份工作。在后来的事业中，这种不惧困难的精神一直支撑着他，并由此打造出一个庞大的松下电器王国。

不要害怕问题，工作就是解决问题；也不要害怕自己解决问题遭遇失败，我们之所以有价值，就在于我们能够想到不同的方法解决问题。

人永远都比想象中能干，且有能力突破障碍，做得更好。即便遭遇失败，也不必恐慌和沮丧。在不惧困难的人眼里，所有的问题都是纸老虎，没有什么是不可克服的。只有平庸者，才会在没有思考和尝试前，就丧失了勇气，缴械投降。

一个年轻人曾经问过一位长者，如何才能取得成功？长者掏出了一颗花生，问他："它有什么特点？"年轻人愣住了，不知如何作答。长者提醒他："你用力捏捏它。"年轻人用力一捏，捏碎了花生壳，留下了花生仁。

长者笑了，对年轻说："再搓搓它。"年轻人照着他的话做，结果，花生的红色种皮也被搓掉了，只留下白白的果实。"再用手捏它。"长者说。年轻人用力地捏，可费了半天劲也没能把它捏坏。"用手搓搓它。"结果还是一样，什么也搓不下来。"屡遭挫折，却依然有一颗坚强的、百折不挠的心，这就是成功的秘密。"长者说。

丘吉尔是一位伟大的首相，他一生做过无数的演讲。在很多人的印象里，丘吉尔最精彩的一场演讲，莫过于他生平的最后一次演讲。当时，是在剑桥大学的毕业典礼上，会场上有上万名学生，大家都在等待丘吉尔登场。

在众人的陪同下，丘吉尔走进了会场。他慢慢地走向讲台，脱下大衣交给随从，又摘下了帽子，默默地注视着所有的听众。过了一分钟，丘吉尔说了一句话："Never give up！（永不放弃）"说完后，他就穿上大衣，戴上帽子，离开了会场。当时，整个会场鸦雀无声。几十秒钟后，会场内掌声如雷。

演讲的内容很短，只有一句话，可它所蕴藏的含义却是深刻的，震撼人心的。工作中会有大大小小的门槛和困难，除了鼓起勇气去面对，没有其他的解决途径。抵达成功巅峰的人很少，往往是因为大多数人在挫折和压力面前放弃了。对于敢想、敢做、善于思考的卓越者来说，世界上没有不能解决的问题。在他们看来，解决问题的关键在于自己的态度，凭借过人的毅力和坚持，运用智慧找到正确的方法，就可以将最困难的问题顺利解决。

你可能也听过约翰·库缇斯的名字，他是国际超级励志大师，但他也是一个天生残疾、身患癌症、受尽歧视与折磨的人。这样的身体条件，在常人看来是很难有发展前途的，甚至连能否生存都是未知数。可库缇斯用现实告诉我们，他取得了板球、橄榄球教练证书，他可以开车、游泳、潜水、溜滑板、打乒乓球、打网球……多少常人都不会的事情，他却一一做到了。

所以说，那些看似无解的难题，无法超越的困境，真的是束手无策吗？当然不是。库缇斯告诉我们："100次摔倒，可以101次站起来；1000次摔倒，可以1001次站起来。摔倒多少次没有关系，关键是最后你有没有站起来。"

畏惧挫折，选择逃避，永远也找不到解决问题的良方；选择勇敢

精准落实：解决问题见成效

地面对问题，问题就已经解决了一半。就像托尔斯泰说得那样：当有困难来访的时候，有些人跟着一飞冲天，也有些人因之倒地不起。坚韧是生命的脊梁，支撑着不惧艰难困苦的人超越万难。

解决不了问题是因为你不够优秀

我们大都有过这样的困惑：费尽一切力气想要改变现状，却总是不能如愿，心想着可能换一个环境就好了，却不知道问题的根源并不在外界，而在自己身上。

你是否听过这个故事？一只乌鸦在南飞的途中小憩时，碰见了一只鸽子。鸽子对乌鸦说："你这么辛苦，要飞去哪里？为什么要离开呢？"乌鸦愤愤不平地说："没办法，我也不想离开，可那里的人都不喜欢我的叫声。所以，我想飞到别的地方去。"鸽子好心地劝它："别白费力气了，如果你不改变自己的声音，飞到哪儿都不会受欢迎的。"

环境的变化，会在某种程度上影响人的命运，但它绝非最主要的因素，也不是决定性的因素。如果自己原本就存在缺点和不足，却意识不到或不肯做出调整，即便换一个环境，结局也是一样的。更何况，任何一个环境都不是只有弊而没有利，若能在有限的条件下抓住机遇，随着环境的改变调整自己的观念，也可以让一切变得顺畅。

在威斯特敏斯特大教堂地下室的墓碑林中，有一块墓碑闻名世界。其实，它并没有什么特别的造型和质地，就是粗糙的花岗石制作的，和周围那些质地上乘、做工优良的亨利三世到乔治二世等20多位英国前国王的墓碑,以及牛顿、达尔文、狄更斯等名人的墓碑比起来,显得微不足道,不值一提。更令人惊讶的是,墓碑上根本没有刻着墓主的姓名、出生年月,甚至连墓主的介绍文字也没有。

就是这样一块无名墓碑,却让千千万万人前来拜谒,每一个到过威斯特敏斯特大教堂的人,即便不去拜谒那些曾经显赫一时的英国前国王和名人们,也一定要拜谒这块普通的墓碑。因为,他们被这块墓碑深深地震撼着,确切地说,是被墓碑上那段意味深长的碑文震撼着:

当我年轻的时候,我的想象力从没有受到过限制,我梦想改变这个世界。当我成熟以后,我发现我不能改变这个世界,我将目光缩短了些,决定只改变我的国家。当我进入暮年后,我发现我不能改变我的国家,我的最后愿望仅仅是改变一下我的家庭。但是,这也不可能。当我躺在床上,行将就木时,我突然意识到:如果一开始我仅仅去改变我自己,然后作为一个榜样,我可能改变我的家庭;在家人的帮助和鼓励下,我可能为国家做一些事情。然后谁知道呢?我甚至可能改变这个世界。

托尔斯泰说:"世界上有两种人,一种是行动者,一种是观望者。很多人都想着改变世界,却从未想过改变自己。"环境一旦形成了,是很难以一己之力改变的,人只有改变自己,才能够更好地解决问题,更好地与环境融合。

推销员杰克做业务员有一年多的时间了，眼见着周围的人陆续升职加薪，自己也不是不努力，每天忙着联络客户，薪水虽然也还可以，但在业绩上始终表现得很平淡，没有做成过大的订单，在成就感上很受挫。

一天下午，杰克和往常一样，下班就开始看电视。突然间，他留意到了一档专家专题采访的栏目，而那期的话题正是"如何使生命增值"。心理专家在回答记者的问题时，如是说："我们无法控制生命的长度，但我们完全可以把握生命的深度。其实，每个人都拥有超出自己想象十倍以上的力量，要使生命增值，唯一的方法就是在职业领域中努力地追求卓越。"

听完这番话，杰克决定改变自己。他立刻关掉了电视，拿出纸和笔，严格地制订了半年内的工作计划，并落实到每一天的工作中。2个月后，杰克的业绩明显有了提升；9个月后，他已经为公司赚了2500万美元的利润；年底，他顺利晋升为公司的销售总监。

现在的杰克，已经有了属于自己的公司。每次给员工做培训时，杰克都会说："我相信你们会一天比一天更优秀，只要你下定决心做出改变。"这样的激励总能给员工带去力量，公司的利润也不断翻倍。

对渴望有所作为的职场人来说，杰克就是一个很好的参考范本。有些时候，面对不满意的境遇，最应当迫切改变的不是环境，而是我们自己。换而言之，是我们在面对问题的时候，没有静下心来去努力，当自己变得足够好了，很多问题也就有了解决之道。

N个困难，N+1种方法

很多员工把业绩不好的原因归咎于外部环境，如整个行业不景气、内部的激励制度有问题、销售渠道过于狭窄等，总而言之一句话：不是我不努力，是实在没办法！

如果你也抱有这样的心态，不妨看看下面的几个案例。

当北京申奥成功的消息传出时，举国沸腾。大家都在为中国的国力得到承认而高兴。可是，很少有人知道，在1984年以前，奥运会并不是每个国家都想争办的事情，愿意和敢于去申办奥运会的国家没有几个。原因很简单，在很长的一段时间里，举办奥运会是赔钱的。

1984年，美国洛杉矶奥运会的举行，成为一个历史性的转折点。这届奥运会，美国政府没有掏一分钱，反而盈利2亿多美元，可谓是创造了一个奇迹。

这个奇迹的缔造者，是一个名叫尤伯罗斯的商人。最初，尤伯罗斯并不愿意接受这项任务，可他终究没能架得住一而再，再而三的邀请，只得点头同意。尤伯罗斯把整个奥运活动跟企业、社会的关系进行了全方位的考虑，并想出了很多能让奥运会赚钱的点子。其中，最绝妙的应当是，拍卖奥运会实况电视转播权，这在历史上可是从来没有过的。

刚开始，工作人员提出的最高拍卖价是1.52亿美元，这在当时已经称得上是"天文数字"了,尤伯罗斯却说:"太保守了!"之所以这样说,是因为他发现人们对奥运会的兴趣在不断高涨,这已是全球关注的热点了。电视台利用节目转播,已经赚了很多钱,倘若采取直播权拍卖的方式,必然会引起各大电视台的竞争,价格也会不断抬高。

一切,恰如尤伯罗斯所料。最终的结果,仅仅是转播权一项,就为他筹集到了2亿多美元的资金。

美国作家理查德·泰勒在《没有借口》一书中说过:"你若不想做,会找到一个借口;你若想做,会找到一个方法。"回到文章的最初,再结合尤伯罗斯的事迹,我想这应当是对成功与失败的原因最合理、最恰当、最巧妙的解释了。

一个人能否做成、做好一件事,关键在于态度。你若总想着去找借口,心安理得地逃避,不去采取行动,并安慰自己说"我没有真正放弃这件事,我只是没办法",那结果只能是失败。你若抱着必胜的信念,一门心思考虑如何来解决困难,绝对不给自己找半点退缩的理由和借口时,那你往往就能够找到解决问题的办法。

1953年11月13日凌晨3点钟,丹麦首都哥本哈根消防队的电话响起,22岁的消防员埃里希接到一位女士的求救电话,对方称自己撞到了头,流了很多血,头晕得厉害,且无法说清楚自己的姓名和住址。

埃里希让这位女士不要挂电话,随即开始联系电话公司,查询来电者的信息。不料,接电话的人是守夜的警卫,根本不知道如何查询,且当天是周六，无人值班。他挂上电话，问那位女士是如何找到消防队的电话的？对方说，消防队的电话就写在话机上。埃里希问，那是否有你家电话的号码？那位女士说，没有。

埃里希又问对方，能否看到什么东西？窗户是什么形状的？她是否点着灯？以此来判断她所在的区域。当他还想继续问下去的时候，电话里不再有任何声响。埃里希知道，必须马上采取行动，否则对方会有生命危险。可是，能做些什么呢？

埃里希打电话给上司，陈述案情。不料上司却说："没有任何办法，不可能找到那个女人。"说这番话时，上司还带着埋怨的语气，指责那位女士占了一条电话线，万一哪儿发生火灾，会误了大事。

埃里希并不想放弃，他谨记救命是消防队员的天职。突然，他灵机一动想到了一个妙招。十五分钟后，20辆救火车在城中发出响亮的警笛声，每辆车在一个区域内四面八方跑动。电话那头的女人已经不能再说话了，可埃里希仍然能够听到她急促的呼吸声。

十分钟后，埃里希喊道："我听见电话里传来警笛声！"队长透过对讲机下令，让警车逐一熄灭警笛，直到埃里希听不到警笛声，以此确定来电者在哪辆救火车所在的区域。确定之后，再让这辆警车在区域内巡逻，以警笛声音的大小来判断具体的地点。

终于，区域确定了。这时，队长用扩音器大声喊道："各位女士和先生，我们正寻找一位生命垂危的女士，她在一间有灯光的房间里，请你们关掉自家的灯。"所有的窗户都变黑了，除了一个。

过了一会儿，埃里希听到消防队员闯入房间的声音，而后一个声音向对讲机说:"这位女士已失去知觉,但脉搏还在跳动。我们立刻把她送往医院,相信还有希望。"海伦·索恩达,那位女士的名字,她得救了。几个星期后,她恢复了记忆。

一件几乎被认为不可能的事,在埃里希的坚持和努力下,竟然做成了。这无疑再次印证了那句话——"如果你真的想做一件事,你一定会找到一个方法;如果你不想做一件事,你一定会找到一个借口!"

爱学习才有未来

高尔基说过,经常不断地学习,你就什么都知道。你知道得越多,你就越有力量。很多人知道学习的重要性,也知道自身的能力存在欠缺,但总是以"忙"为理由,忽略学习的计划和行动。说到底,还是没有从根本上意识到工作中潜在的各种危机,也是缺乏积极进取的精神。

高尔基说:"知识犹如人体血液一样宝贵,人缺少了血液,身体就要衰弱,人缺少了知识,头脑就会枯竭。"在激烈竞争的工作中,每个人都必须养成学习的习惯,不断升级自己的认知。学历只能代表过去,学习力才能决定未来。

法国的埃德加·富尔在《学会生存》中写道:"未来的文盲,不再是不识字的人,而是没有学会怎样学习的人。一个人从出生下来就开始学习说话,学习走路,学习做事,学习一切生存的本领。当人学会了走路和说话,学会了做事,这只是具备了基本的自理能力,低级的动物也具有这种基本的自理能力。作为高级灵性动物的人类，要学会更高的生存本领，学会超越他人的本领，学习达成卓越人生的本领，这些本领从何而来？就是有超越他人的学习力。"

中国一汽大众有限公司的高级技工王洪军，身材不高，其貌不扬，多年以来，一直坚守在焊装车间的一线。他看上去跟车间里的普通工人没什么两样，但在平凡的岗位上，他却创造出了一番令人瞩目的成绩。

1990年，王洪军从一汽技工学校毕业后，进入一汽大众焊装车间做钣金整修工。钣金整修工作的技术含量非常高，最初，公司的这项工作主要是由一位德国专家负责，中方的员工只负责打下手，递递工具，干点小活。王洪军刚开始做的就是这些事，但他做得很认真，一边打下手，一边练手，他心想："合资"是"合"，不能"靠"，做合资产品还得练好"中国功夫"。

有一次，德国专家下班了，他壮着胆，用自己掌握的理论尝试着去修理一辆已经被专家判定为修复不了的"白车身"。结果，干到第二天半夜也没弄好。德国专家发现后，很不高兴，车间里也有人议论，说他逞能。王洪军觉得有点委屈，好在车间主任给了他鼓励，说："别灰心，没修好是功夫不到。'中国功夫'是练出来的，功到自然成。"

从那时开始，王洪军就像着了魔似的，上班偷着练，下班也鼓捣。工作之余，他经常跑到图书馆翻阅相关资料，或是到专业书店购买工具书，自学热处理、机械制图、金属工艺等，对照着课本反复操练。通过几个月的学习和实践，王洪军终于修好了一台车。车间主任看了后，很高兴，并找到德国专家鉴定。专家把王洪军修的"白车身"切割成一条一条，分段进行检测，还专门到质保部，用仪器全面检测，发现钢板厚度、结构尺寸等完全符合标准。德国专家很佩服，连连说好。

自那以后，王洪军对工作的钻研更加深入了。他明白，做钣金修整，工具是关键，但之前用的工具都是德国进口的，价格高，订货周期长，品种也不齐全，有些缺陷根本无法修复。于是，他开始琢磨自己制造工具。面对周围人的半信半疑，王洪军坚定地表示："不做就永远不行，做了总有一天能行。"

靠着这份专注和坚定，王洪军先后制作了Z形钩、打板、多功能拔坑器等整修工具40多种，共计2000多件，几乎满足了各种车型、各类缺陷的修复要求。在发明制作工具的同时，王洪军还总结出了快速有效的钣金整修方法，创造出了47项123种实用又简捷的轿车车身钣金整修方法，并且被命名为"王洪军轿车快速表面修复法"。

各大汽车企业做钣金整修的车间工人不计其数，可能做到像王洪军一样精而专的，却寥寥无几。归结原因，技术是其次，重要的是学习意识和学习力。任何领域、任何工作，都会有难以攻克的"难题"和有待改进的地方，有的人不关注，认为做好自己的事情就可以；有的人留意到了，愿意去学习、去思考、去解决，于是就有了平庸和不凡。

当今社会，学习力就是竞争力，不学习能力就会退化，就会被人取代。唯有把学习变成一种主动的习惯，才能不断地提升本领，在工作中获得竞争优势。

"没有问题"最可怕

我们都知道，工作的实质就是解决问题，可相比解决问题而言，还有一件事更为重要，那就是发现问题。为什么这样说呢？因为出现问题并不可怕，至少你知道哪里有隐患，哪里需要注意和改进，最怕的是"没有问题"！

这里说的"没有问题"，不是真的没有问题，而是当情况已经出现异常时发现不了问题，直到问题发展得严重了，才想到去控制，此时已经造成了损失，甚至到了无法挽回的地步。这，才是工作中最令人遗憾和惋惜的事。

一位部门负责人就曾抱怨说："我的那些下属工作一点儿都不主动，总是敷衍了事。每次给他们布置完新任务，我总要向他们追问进展的情况，问他们有没有发现什么问题。他们每次都说很顺利，但我心里很担忧。有些问题我能考虑到，但不能事必躬亲，更多的问题还得他们自己去发现。如果出现问题之初，他们不能在第一时间告诉我，等到事态扩大了，小问题演变成大问题时，我也会觉得很棘手。"

联想一下平日的工作状况：你是否也如这位负责人所说，做事不够积极主动，出现问题佯装看不见，或是根本就不去留意有什么问题，等事情发展到无法收拾的地步，才想起向领导汇报？若真如此，那你有必要改变一下工作的方法了。

想成为组织不可或缺的人才，只懂得按时完成任务是远远不够的，还要主动为组织着想、为领导分忧。在工作的过程中，我们不可能什么问题都发现不了，只是多数情况下，我们总想着多一事不如少一事，如果这个问题不影响工作进度，大可睁一只眼闭一只眼。可是别忘了，领导迟早会发现问题的，待到他问起时再找借口，是不是有点被动呢？更何况，你没有去管这些问题，不代表其他同事不留意，倘若同事和你做同样的事，他能主动向领导反映问题，而你没有任何反映，领导会如何看待你的工作表现呢？

无论从哪方面说，主动发现工作中的问题，并将其反馈给领导，既是员工的职责，也是展示自己的机会。平庸和出色就是这样区分开来的，这也是为什么很多员工在相同的职能部门，前途却大相径庭。领导只会把任务交给自己最放心的人，不要说你缺乏观察力，其实只要足够用心，总会有所发现的。

1976年12月的一个冬日清晨，三菱电机公司工程师吉野先生两岁的女儿把报纸上的广告单卷成了一个纸卷，像吹喇叭一样吹起来。她对父亲说："爸爸，我觉得有点暖乎乎的！"女儿产生这样的感觉是因为吹气时热能透过纸而被传导到手上。

听到这句话时，吉野先生怔了一下，顿时受到了启发。此前，他已经为如何解决通风电扇节能的问题，苦思冥想好长时间了，现在能不能按照孩子说的那个思路，把纸的两面通入空气，使其达到热交换呢？

他以此为原型，用纸制作了模型，用吹风机在一侧吹进冷风，在另一侧吹进暖风，通过一张纸就能使冷风变成热风，而暖风却变成冷风。这个热交换装置仅仅是把糊窗子用的窗户纸折叠成类似折皱保护罩那样的东西，并将其安装在通风电扇上。室内的空气通过折皱保护罩的内部而向外排出，室外的空气则通过折皱保护罩的外侧而进入保护罩内。通过中间夹着的一张纸，使内外两个方向的空气相互接触，产生热传导的作用。

如果室内是被冷气设备冷却了的空气，从室外进来的空气就能够加以冷却，比如室温26℃，室外气温32℃，待室外空气降低到27.5℃之后，再使其进入室内。如果室内是暖气，就将室外空气加热后再进入室内，比如室外0℃，室内20℃，就把室外寒风加热到15℃以后再入室。如此，就能够节约冷、热气设备的能源损耗。

后来，这一装置投入到了实际的应用中，三菱电机公司把这一装置称之为"无损耗"的商品，并在市场上出售。每到换季的时候，使用这个装置，损失的能源可以回收2/3。

古人云："学起于思，思起于疑。"机会和成就永远都是先光顾那些喜欢思考、善于发现问题的人。人的思维通常都是从问题开始的，谁有一双善于发现问题的眼睛，谁就能在竞争中遇见机遇，把握住了这些机会，就能做出有价值的成就。

可以这样说，发现问题是工作的起点，这是员工需要练就的一项重要技能。这些问题可能表现在不同的方面，或是缺点、不足，或是经验教训，或是薄弱环节，只要肯结合工作实际来思考和研究它，往往就能扫除障碍、弥补漏洞、实现创新。

总而言之，工作还需要多观察、多思考、多研究。对工作中的每一个疑点，都要见微知著，常怀着"千里之堤毁于蚁穴"的危机感，不断地清查问题、纠正问题，才能更好地发挥自己的优势，在人才济济的职场中脱颖而出。

第一章 态度为王：态度决定一切

第二章
目标为灯：方向正确，虽远必达

第二章 目标为灯：方向正确，虽远必达

定位决定你的上限

　　每个人立身于社会，都要给自己定位，确定这一生要干什么。在做一件事的时候，知道自己怎么做，"止"于这一理念，处变不惊，处事无悔。

　　一个衣衫褴褛的中年人，在都市繁华的地铁口卖铅笔，许多人都忽视了那些铅笔，只把他当成乞丐。一位商人路过，向他的杯子里投进了一张纸币，匆匆离去。过了一会儿，商人返回，取了一支铅笔，对他说："不好意思，我忘记拿铅笔了！因为你我都是商人。"

　　几年之后，商人参加一个高级酒会，席间有一位衣冠楚楚的先生向他敬酒致谢，并告诉商人，他就是当年在地铁口卖铅笔的那个人。他能够拥有现在的一切，全是得益于那一句"你我都是商人"。

　　这样的事有一定的偶然性，大多数人境况还不至沦落于此，大都是平平常常、靠自己的能力赚钱度日，但有一个道理却是相通的：你定位于乞丐，你就是乞丐；你定位于商人，你就是商人。就工作而言，不管你从事什么行业，身在哪个岗位，你如果只想着"谋生"的话，那么你这辈子恐怕都只得为了谋生而奔波。

很多年轻人会说，初入社会时有些茫然，在生存的压力下只得随意给自己找了一个位置，作为暂时的落脚点。可是，在落脚之后呢？你是继续寻觅更适合自己的位置，还是习惯使然把落脚点当成了永久的栖息地？如果你选择停留，那你给自己的定位是什么？一个得过且过、按时拿薪水的小职员，还是一个在岗位中实现个人价值的职业经理人？

有一对姐妹，五年前结伴到北京打工，在同乡的介绍下，进入一家服装厂做女工。流水线作业是枯燥而烦琐的，每天做的事基本上都一样，当最初的新鲜劲儿消退后，很多人就做不下去了。姐姐就是如此，在厂里待了半年后就辞职了，之后就在城市里四处奔波，在餐厅做过服务员，在超市做过收银员，但每份工作干的时间都不长，三天两头地找工作。

妹妹沉默寡言，性子沉稳，却很上进。从进厂的那天起，她就没有轻视过自己的工作，她把这份工作当成一个学习的机会，一个起飞的平台。当周围的同事包括姐姐，厌倦流水线作业纷纷离职，却又迟迟找不到方向的时候，她意识到：在城市里打拼光靠体力是不行的，必须得武装头脑，有一技之长。为此，她每天下班后，开始自学大专课程，内容就是服装设计和加工。

三年后，妹妹凭借自己的能力成为服装厂里的基层领导，此时的她，也已经修完所有的大专课程。她开始尝试着设计服装，每次组里接到新的任务，她都会借此"练手"，在原有设计的基础上，大胆想象和创新。当领导发现这个有着管理才能的女孩，还有服装设计的天赋和能力时，很是惊讶，后将其调任到设计部做主管。

五年的时间，女孩从一个地地道道的打工女孩，蜕变成为一个出色的服装设计师。此时的她，依然没有放弃对自己的要求，她心里有了一个更高的目标，那就是建立自己的服装工作室，打造一个原创服装品牌。

同样的环境，同样的起点，定位不同，命运迥异。

如果你发现，曾经与你站在同一起跑线的人，在十年不到的时间里，已经跑到了你无法赶超的地方时，别急着去责备命运，怨恨环境。去读一读莎士比亚的悲剧《尤利乌斯·凯撒》，那里有一句台词："亲爱的布鲁图，真正该责备的，并非宿命，而是我们自己。是我们自己决定了我们只会是微不足道的人。"

曾经，一位法律顾问找到我，说起他在职业生涯中的困惑：从业多年，做得并不出色。在交谈的过程中，我发现他的内心深处，一直把自己看成一个服务生。他家境不太好，读书时有过长期到饭店兼职做服务生的经历。我提议，让他用"法律顾问"替换"服务生"的定位，他的工作状态和业绩果然有了显著的变化。

人的命运往往与其内心的渴望有紧密的联系；一个人最终取得的人生高度，很大程度上也取决于他内心对自己的定位。人的内心就好比一个能量库，从生到死伴随着我们。虽然它是无形的，但你却能够感受得到。它可能创造奇迹，也可能将人推向毁灭的深渊，而这一切都取决于你的状态。如果你的内心渴望的是美好的东西，那你的周身就会发出一股积极的能量；如果你自始至终都不相信自己能够取得成就，那么你就真的只能沦为平庸者了。

布鲁斯·麦克莱兰在其著作《想象力带来富有》中说过："你是你所想，而非你想你所是。"现在的你是谁不重要，重要的是你想要成为谁。无数事实在验证着这个观点，你现在的处境和状态如何并不打紧，关键是你内心渴望成为一个什么样的人，渴望拥有怎样的生活。

心中有怎样的未来，脚下就有怎样的路。

如果你将自己定位成打工者，那么你的潜意识就会阻止你成为职业经理人。你对自己的要求就是服从安排去做事，你的期望就是多拿点工资、多放几天假，仅此而已。你不会用职业经理人的标准去要求自己，也不会去思考一个合格的、优秀的职业经理人应当具备怎样的知识和素质，你要在哪些地方提升自己……因为，它不符合你的定位。

如果你把自己定位成老板，那么你的潜意识就会促使你像老板一样去思考、去做事，公司里的任何事你都会很上心，你会积极了解行业发展的动态，学习公司运作的知识，锤炼处理危机的心智，你不会太计较眼前的得失，因为，你的志向不止于此。

一位大型私营企业老总跟我讲："我喜欢想当老板的员工，不喜欢只想打工的员工。只想着自己是打工者的员工，虽然能服从和执行，可处处都很机械、很被动；那些想当老板的员工，你把他分在任何一个岗位，他都能做出让你满意的成绩，无须你开口，他就知道自己该做什么，该怎么做。"

"可是，老板型员工很容易流失……"面对这个问题，他又说："没关系，就算他在我这里只待三五年，或者是一两年，他的工作效率、工作态度会影响整个团队的士气。况且，有些员工与公司的愿景是一致的，公司给予他的平台和空间让他感受到了集体创业比个人创业更易达成人生目标，最终就留在了公司成为股东之一。个人与企业实现双赢，这样的情况也是有的。你想想，如果公司里的每个员工都把自己定位成'老板'，那么这个由诸多'老板'组建的团队，战斗力该有多强大？"

如果你不满现在的生活和工作，别急着去否定周围的环境和人，也不要陷入宿命论的怪谈中。思考一下：你对自己的期望是什么？你想成为什么样的人？你的工作能为你提供怎样的条件？你能否在这份工作中实现人生理想？你现在最应该做的是什么，能够做的是什么，能不能做好？

当你把这些问题都思考清楚，并循着定位的方向去走，你的生活和事业都会有所改变。因为，你如何定位自己，你就会成为什么样的人！

这样的目标才有用

俗话说："人无远虑，必有近忧。"成功的职业生涯，往往从制定

精准落实：解决问题见成效

合理的目标开始。合理的目标往往会使工作更有目的性、计划性，并达到事半功倍的效果。

哈佛大学有一个非常著名的关于目标对人生影响的跟踪调查。调查的对象是一群智力、学历、环境等条件都差不多的大学毕业生，结果是这样的：

27%的人，没有目标；

60%的人，目标模糊；

10%的人，有清晰但比较短期的目标；

3%的人，有清晰而长远的目标。

此后的25年，他们开始了自己的职业生涯。

25年后，哈佛再次对这群学生进行了跟踪调查，结果是这样的：

3%的人，25年间他们朝着一个方向不懈努力，几乎都成为社会各界的成功人士，其中不乏行业领袖、社会精英；

10%的人，他们的短期目标不断地实现，成为各个领域中的专业人士，大都生活在社会的中上层；

60%的人，他们安稳地生活与工作，但都没有什么特别的成绩，几乎都生活在社会的中下层；

剩下27%的人，他们的生活没有目标，过得很不如意，并且常常抱怨他人、抱怨社会、抱怨这个"不肯给他们机会"的世界。

其实，他们之间的差别仅仅在于：25年前，他们中的一些人知道自己到底要什么，而另一些人则不清楚或不很清楚。

1984年，在东京国际马拉松邀请赛中，名不见经传的日本选手山田本一出人意外地夺得了世界冠军。当记者问他为什么能取得如此惊人的成绩时，山田本一说了这样一句话：用智慧战胜对手。当时许多人都认为这个偶然跑到前面的矮个子选手是在故弄玄虚。马拉松赛是体力和耐力的运动，只要身体素质好又有耐性就有望夺冠，爆发力和速度都还在其次，说用智慧取胜确实有点勉强。

两年后，意大利国际马拉松邀请赛在米兰举行，山田本一代表日本参加比赛。这一次，他又获得了世界冠军。记者又请他谈经验。山田本一性情木讷，不善言谈，回答的仍是上次那句话：用智慧战胜对手。这回记者在报纸上没再挖苦他，但对他所谓的智慧迷惑不解。

10年后，这个谜终于解开了。山田本一在他的自传中是这么说的：每次比赛之前，我都要乘车把比赛的线路仔细地看一遍，并把沿途比较醒目的标志画下来，比如第一个标志是银行，第二个标志是一棵大树，第三个标志是一座红房子……这样一直画到赛程的终点。比赛开始后，我就以百米的速度奋力地向第一个目标冲去，等到达第一个目标后，我又以同样的速度向第二个目标冲去。40多千米的赛程，就被我分解成这么几个小目标轻松地完成了。起初，我并不懂这样的道理，我把我的目标定在40多千米外终点线上的那面旗帜上，结果我跑到十几千米时就疲惫不堪了，我被前面那段遥远的路程给吓倒了。

山田本一说的不是假话,众多心理学实验也证明了山田本一的正确。心理学家给出了这样的结论:当人们的行动有了明确目标,并能把自己的行动与目标不断地加以对照,进而清楚地知道自己的行进速度与目标之间的距离,人们行动的动机就会得到维持和加强,就会自觉地克服一切困难,努力达到目标。

目标对工作的作用是多方面的,它不仅为工作提供了方向和指引,还激发了员工的积极性和创造力,提升了工作效率和质量,促进了团队协作与沟通,以及推动了企业的持续改进和创新。

提供方向和指引

• 明确工作重点

目标为员工提供了清晰的工作重点,使他们能够集中精力完成最重要的任务。有了明确的目标,员工可以更加高效地规划自己的时间和资源,避免在不重要的任务上浪费精力。

• 引导决策制定

目标为员工在决策过程中提供了明确的指导。当面临多个选择时,员工可以根据目标来评估每个选项的潜在价值和影响,从而做出更加明智的决策。

激发积极性和创造力

• 提升动力

目标能够激发员工的内在动力,使他们更加积极地投入工作。当员工明白自己的工作是为了实现某个具体目标时，他们会感到更加有意义和价值，从而更加努力地工作。

• 鼓励创新

目标的设定往往伴随着挑战和困难，这激发了员工的创新思维和创造力。员工会尝试寻找新的方法和策略来达成目标，这种创新不仅有助于目标的实现，还推动了企业的持续改进和发展。

提升工作效率和质量

• 优化资源配置

目标有助于企业合理分配资源，确保关键任务和项目的顺利推进。通过优先处理与目标相关的任务，企业可以更加高效地利用有限的资源，提升工作效率。

• 明确责任分工

目标的分解和细化有助于明确每个员工的责任和分工。当每个员工都清楚自己的职责和任务时，他们可以更加高效地协同工作，减少重复劳动和不必要的沟通成本，从而提升工作质量。

促进团队协作与沟通

• 增强凝聚力

共同的目标能够增强团队的凝聚力，使团队成员在思想上达成共识，形成统一的行动方向。这种共识有助于减少内部矛盾和冲突，提高团队的协作效率和战斗力。

- 促进沟通与交流

目标的设定有助于加强团队成员之间的沟通和交流。通过定期的会议、汇报和讨论，团队成员可以及时了解彼此的工作进展和遇到的问题，共同寻找解决方案，推动工作的顺利进行。

推动持续改进与创新

- 反思与总结

目标的达成过程为员工提供了反思和总结的机会。通过分析目标达成的过程和结果，员工可以发现存在的问题和不足之处，并寻求改进和创新的机会。

- 促进企业文化

目标导向的企业文化鼓励员工不断追求进步和创新。这种文化氛围有助于激发员工的创造力和创新精神，推动企业的持续改进和发展。

制定目标的原则

拿破仑曾说："没有目标不可能发生任何事，也不可能采取任何步骤。"

比塞尔是撒哈拉沙漠里的一颗明珠，每年都有数以万计的游客到此参观游览。然而，在肯·莱文到来之前，这里就是一个封闭落后的地方。居住在这片大漠里的人，从来没有离开过这片贫瘠的土地，不

第二章 目标为灯：方向正确，虽远必达

是他们不想，而是他们尝试多次都以失败告终。

当地的人告诉肯·莱文，无论朝哪个方向走，最后还是会回到原来的地方。肯·莱文不相信，就亲自做了一次试验，从比塞尔村向北走，结果，只用了三天半就走了出来。

同样的一片荒漠，为什么肯·莱文能走出去，比塞尔人却走不出去呢？

肯·莱文也有点不解。为了弄清楚原因，他雇用了一个比塞尔人带路，想看看究竟发生了什么。他们带了半个月用量的水，牵了两头骆驼，肯·莱文带着指南针等现代设备，挂着一根拐杖跟在后面。

在第十一天的早晨，他们果然又回到了比塞尔村。这次，肯·莱文终于明白了，为什么比塞尔人走不出大漠。因为，他们根本不认识北斗星！在一望无际的沙漠只凭借感觉往前走，会走出许多大小不一的圈，最后的足迹多半像一把卷尺的形状，兜兜转转回到原点。比塞尔村处在沙漠的中间，方圆上千公里没有一个固定的参照物，如果没有指南针，又不认识北斗星，确实很难走出沙漠。

在离开比塞尔时，肯·莱文告诉一位叫阿古特尔的青年，也就是那个跟他合作走沙漠的人：只要你白天休息，晚上朝着北边的那颗星星走，你就能走出沙漠。阿古特尔按照肯·莱文的话去做，三天之后，果然走到了沙漠的边缘。阿古特尔因此成了比塞尔的开拓者，他的铜像被竖立在小城的中央，铜像的底座上刻着一行字：新生活从选定方向开始。

有目标，才能看清使命，抓住重点，把握现在，让重点从过程转变为结果。麦肯锡精英之所以能够拥有高效能，与他们从一开始就怀有终极目标密不可分。

以目标为导向，是对即将开展的工作进行设想和安排，如提出任务、指标、完成时间和步骤方法等。这是一个量化的过程，可以理清自己要做的事情，纠正自身的行为偏差，使完成的每一件事都在规划之中，所做的一切都有利于目标的实现，如此有的放矢，自然水到渠成。

目标的重要性不言而喻，但在实际生活中，许多人却并不知道如何设立目标。他们甚至会把内心想要达成的某一心愿当作目标，比如"我想学英语""我想赚很多钱"。殊不知，这些不能算作目标，因为太过模糊和笼统，目标不够明确，成功的概率就不大！

美国财务顾问协会前总裁刘易斯·沃克在一次访谈中提道："如果你希望在山上买一栋小房子，你必须先找到那座山，计算出小房子的价格，并考虑通货膨胀，计算出这房子五年后值多少钱。接下来，你要做决定，为了达成这个目标每个月需要存多少钱。如果你真的这样做了，你可能在不久的将来就会拥有山上的一栋小房子。"

那么，何谓明确的目标呢？在此，我们需要引入一个目标体系的SMART原则。

什么是SMART原则？

- S（specific）：明确性

明确性，就是要用具体的语言清楚地说明要达成的行为标准。

比如："增强客户意识"这一目标就比较模糊，因为它包含的内容太多，客户投诉率、服务速度、使用规范礼貌用语、采用规范化流程，都属于客户意识的一部分。"增强客户意识"到底指的是哪一方面呢？不明确就没有办法去评判和衡量。

在设定目标时，可将其修正为：三个月将客户投诉率降低到1.5%；一个月内将前台收银速度提升至2分钟以内。这样的目标就比较明确和具体了。

- M（measurable）：可衡量性

可衡量性，就是目标必须明确，要有一组明确的数据，作为衡量是否达标的依据。

比如："为老员工安排进一步的管理培训"，这个"进一步"就是不明确的，也不容易衡量。到底安排什么培训呢？如何衡量培训结果的好坏？

在对这一目标进行修订时，可将其改为：在2个月内完成对所有老员工关于××主题的培训，且在课程结束后，学员评分在85分以上效果好，评分在85分以下为效果不理想。这样一来，目标就变得可衡量了。

- A（attainable）：可实现性

可实现性，就是通过现有的时间规划和执行力，确保可以实现的目标。

如果你让一个只有初中英语水平的人，在一年内达到托福高分的水平，这个就不太现实。这样的目标是没有意义的，如果你让他一年内学会基本的日常用语，这个目标是有可能实现的，能够踮起脚尖够得着的果子，才有意义，才能给人带来动力。

- R（relevant）：相关性

相关性，就是实现此目标与其他目标的关联情况。如果实现了这个目标，但与其他的目标全都不相关，或者相关度很低，那么这个目标就算实现了，也没多大意义。

这一点对设定工作目标很重要，你的目标必须要跟岗位职责相关。比如，你是一个前台人员，提升英语水平直接关系着你的服务质量，这一目标就跟你提升工作水准的目标相关联。如果你去学习程序设计，那就跑题了。

- T（time bound）：时限性

时限性，就是目标设置要有时间限制，拟定完成目标所需的时间，并定期检查进度，及时掌握进展的变化情况，以便及时作出调整。

你准备减重15斤，要设定多久完成这个目标？可以是半年，也可以是一年。这样的话，你心里就清楚每个月要完成减重多少斤的任务，然后，计划好相应的饮食计划和运动计划，每周称量一次体重，月底检验一下是否达标。如果只是告诉自己：我要减重15斤，而没有一个时间限制，那么，很有可能，这15斤脂肪会一直跟随你。

现在，你可以尝试依照SMART原则为自己设立一个真正的目标。

不能踩的目标"雷区"

工作中，每个人都或多或少要涉及制定目标的工作内容。有的人会负责制定公司整体的宏大目标,有的人会负责所在部门的未来目标,还有的人可能只需要负责确定自己的某阶段目标。不同的目标在制定时考虑的因素不同,都需要深思熟虑,考虑周全,确保合理有效。我们在设定目标时,往往顾此失彼,考虑不周,钻进了某些误区,导致目标设定不切实际、难以实现或缺乏意义。

制定目标的误区

- 目标不明确

误区描述:目标过于笼统或模糊,缺乏具体性和明确性,导致执行时方向不清,难以衡量进度和成果。

示例:如"提高销售业绩"这样的目标就过于笼统,缺乏具体的量化指标和时间限制。

- 目标过高或过低

误区描述:目标设定过高,超出实际能力范围,容易导致挫败感和放弃;目标设定过低,则缺乏挑战性,无法激发潜力和动力。

示例:如"一个月内销售额翻十倍"对于小型企业来说可能过高,而"每天完成1吨饲料的生产"对于大型企业来说则可能过低。

- 目标缺乏相关性

误区描述:目标与个人或组织的愿景、使命和价值观不一致,或者与当前的工作重点不相关,导致目标缺乏意义和价值。

示例:如一个专注于科技创新的企业设定了"提高员工食堂满意度"的目标,这与企业的核心竞争力和发展方向不相关。

- 目标缺乏时限性

误区描述：目标没有明确的截止日期或时间限制，导致拖延和缺乏紧迫感。

示例：如"尽快完成项目"这样的目标就缺乏明确的时间限制。

- 目标过于复杂

误区描述：目标涉及多个方面或层次，过于复杂，难以理解和执行。

示例：如一个目标同时包含多个子目标和多个衡量指标，导致执行时难以把握重点。

改进措施

- 明确目标

改进措施：使用SMART原则来制定目标，确保目标具有明确性、可实现性、可衡量性、相关性和时限性。例如，将"提高销售业绩"改为"在三个月内将销售额提高20%"。

- 合理设定目标

改进措施：根据个人或组织的实际情况和能力水平，合理设定目标的高度和难度。既要避免过高导致挫败感，也要避免过低缺乏挑战性。可以通过市场调研、历史数据分析等方式来评估目标的合理性和可行性。

- 确保目标的相关性

改进措施：在制定目标时，要确保目标与个人或组织的愿景、使命和价值观相一致，并且与当前的工作重点相关。可以通过与上级、同事或团队成员沟通来确保目标的相关性和一致性。

- 设定明确的时间限制

改进措施：为每个目标设定明确的截止日期或时间限制，以激发紧迫感和执行力。可以使用项目管理工具或日历来跟踪和提醒目标的进度和截止日期。

- 简化目标

改进措施：将复杂的目标分解为多个简单、具体的子目标，每个子目标都遵循SMART原则。这样可以降低目标的复杂性和难度，提高执行效率和成功率。

- 建立反馈机制

改进措施：制定目标后，要建立有效的反馈机制来跟踪进度和评估结果。可以通过定期检查、自我评估、同事反馈或上级评估等方式来实现。反馈机制有助于及时发现问题并采取措施进行调整和改进。

- 保持灵活性

改进措施：虽然制定了明确的目标和计划，但也要保持足够的灵活性以应对不可预见的情况。在追求目标的过程中，要随时准备调整计划或重新设定目标。这可以通过制定备选方案、预留缓冲时间等方式来实现。

制度是目标的"保镖"

汉代荀悦的《前汉纪·孝武皇帝纪一》说："经国序民，正其制度。"在无序状态下，人们做事杂乱无章，没有时间意识，得过且过，最终任务难以完成，问题解决不了，人们变得没有获得感，浑浑噩噩，毫无战斗力。秩序可以来自自律，也可以来自制度，但是要保证长久的高效秩序，从而产生持久的战斗力，单靠自律是不现实的，需要有可靠的制度作为支撑和保障。

因此，作为员工，一定要养成制度意识，严格遵守组织的规章制度，这样才能使工作得到很好的落实。

被人们称为石油怪杰的保罗·盖蒂，和父亲联手开采石油，不到24岁就成为当时最年轻的百万富翁。这个富有传奇色彩的人物，从小学习就很差，连大学的毕业证也是父亲帮他拿到的。但就是这样一位备受争议的人物，年纪轻轻就非常精通管理之道。

一次，保罗·盖蒂去巡视自己的油田。看着高耸入云的井架，巍峨雄壮；黑色的石油源源不断地从地下冒出来，好似金币的源头，生生不息、永不枯竭，保罗畅想着：这仅仅是原始阶段，未来，我要组建一个石油帝国，买世界上最大的船舰，将石油输向世界各地。

但是，保罗再往里走的时候，忽然铁青着脸，嘴里不断地咒骂着。美好的畅想早就被抛到九霄云外去了。原来，他竟然在自己的油田上发现了闲逛的人，更有甚者，还在抽烟、闲聊。工人们见了保罗，惊慌失措，低着头，不停地揉搓着裤缝。

"该死的！"保罗随即找来了工头，解雇了那几个工人。果断、决绝，不留任何余地，也不给求情的机会。杀一儆百……保罗果然很聪明。

但是，最令人措手不及的是，下次去巡视的时候，事态变得更为严重了。很多人在干活时都在公然浪费原料。工人是世界上最团结的群体之一，一旦被激怒了，他们才不管你是什么老板呢！

保罗忽然明白了。他默不作声，转身走了。

没过几天，保罗又来了。这次他手中多了几页薄薄的纸，召集了所有工人，把纸交给工头，让他大声宣读。从此以后，油田的工地上闲散人等了无踪迹，原料也是一份当两份使，产量翻了好几番，油田里一副欣欣向荣之景。保罗实现了自己的畅想，他终究还是赢家。

而那张纸上只写了这么一句话："从今天起，油田交给各位经营管理，效益的25%由各位全权支配。"

管理艺术的最高境界并非重塑、改造人性，而是因势利导——自私、虚伪、狂妄、贪婪皆能为我所用。但是要想用好，以及把握好这个尺度，必须有一个详细制度为前提。

制度是落实工作的重要保障，规范操作则是提高员工落实力及企业运行效率最根本的手段。员工如何规范操作，提高自己的落实力，这需要有合理的规章制度。只有适合企业文化的规章制度，才能有效保证员工对各项工作的落实。因而，在制定合理规章制度时，应遵循以下几个基本原则：

○ 制度要严谨

有些企业经常是随口说一些规定和制度，这样做很不严谨，也非常不科学，最重要的是极大地破坏了团队规章制度的权威性。

○ 制度不是孤立存在的

规章制度不是孤立存在的，它是存在于企业文化这个大范畴之内的一个小系统，在落实过程中，它要能与其他的系统相兼容。

○ 执行制度要公平、公正

制度得到落实的根本是遵循公平、公正原则。有员工违反制度而未受惩罚，就是对其他员工的不公平和不公正，这样的制度本身就是苍白无力的。只有在制度落实上表现出公平、公正，才更能显出制度的严肃性。

○ 制度必须具有可行性

制度不应像海市蜃楼那样只供观看，而应是可行和可操作的，无法落实的条文和规定必须立即废止。因为它在实际情况中如果不能落实，就会对规章制度的权威性造成极大影响，制度的落实要让每位员工感受到遵守它就必须付出努力，从而改掉散漫的作风。

○ 制度要有一定的弹性

没有什么规定能够精确地限定一种事物，制度也同样如此，所以制度应具有一定的张力和弹性。但是这种弹性不宜过大，否则，制度就会变成一纸空文。要明确制度上量的尺度和质的依据，使具体操作过程变得容易些，可避免落实时的走样和变形，也可避免落实过程中的随意性。但制度的弹性也不宜过小，那样就会过于死板和苛刻。把握好这一原则，从而提高落实效率，增加解决问题的可能性。例如某公司有"超过上班时间5分钟为迟到"的规定，弹性的体现就在这5分钟，是考虑到在上班来的路上可能会堵车、发生意外等特殊情况而制订的一个条款，这种弹性在无形之间体现了公司的人性化。

○ 制度应该是具体而细微的

制度过于笼统只会显得不具有可行性，应该明确具体的条文和细则。一些企业的制度无法落实的教训之一，正是因为那些制度是包罗万象的抽象性规定，虽然内容丰富，覆盖面广，精神主旨正确，可一旦涉及具体问题时，就无法落实解决。例如，有的企业管理部门规定上班时间"要认真工作"，这就太过抽象，不容易具体落实。现实中，基层工作是具体的，需要有一些具体的条例和实施细则。例如规定"几不准"问题，只规定不准做什么是远远不够的，即使有人违背了这种制度，也不能及时追究责任。因此，还要有具体的惩罚措施，这是很多企业在制定制度时经常会忽视的一个方面。落实要靠制度做保障，没有制度，工作就很难得到落实。

一次一目标

在私企做秘书的M，总是抱怨说："事情太多，快要忙死了，要打印文件，要去银行缴费，要给客户回邮件……有时，根本不知道该从哪儿下手。"同样是做文秘工作的朋友K，她所在的企业比M的单位大得多，工作量自然不用说，可她的日子比M要轻松多了，能去新餐厅尝鲜，能跟朋友郊游，还有时间写小说。

你可能以为，朋友M和朋友K之间的差别，完全是心态上的问题。

可实际上，心态并非主要原因，工作无头绪、杂乱无章才是关键。你在工作中可能也有过这样的经历：原本正在全神贯注地做一件事，突然电话铃响了，同事找你帮忙，上司又安排了新任务……迫不得已，只能中断手里正在进行的工作。来回折腾几个回合，最后可能一件事情也没完成，刚刚理清的思路也变得混乱了。

很多时候，不是工作真的多到不堪重负，只是没有找到解决问题的最佳办法。总是试图同时做几件事，就会陷入"什么都想做，什么都做不好"的怪圈。思考最大的敌人就是混乱，太多的讯息会阻碍正常的思考，这与电脑的内存塞满了处理命令，会导致运行缓慢或死机是一样的道理。

著名的效率提升大师博恩·崔西有一个著名的论断："一次做好一件事的人，比同时涉猎多个领域的人要好得多。"富兰克林把自己一生的成就归功于对"在一定时期内不遗余力地做一件事"这一信条的实践。爱迪生也认为，高效工作的第一要素就是专注，他说："能够将你的身体和心智的能量，锲而不舍地运用在同一问题上而不感到厌倦的能力就是专注。对于大多数人来说，每天都要做许多事，而我只做一件事。如果一个人将他的时间和精力都用在一个方向、一个目标上，他就会成功。"

我们都知道车站问讯处每天都是人头攒动，旅客们争相询问着自己的问题，都希望立刻得到答案。在问讯处工作的服务人员，承受的紧张和压力可想而知。然而，他们是不是也忙得焦头烂额，不知该从哪儿下手去做呢？为此，曾有人记录下了他们在工作中的一个真实片段：

第二章 目标为灯：方向正确，虽远必达

问询台后面的那位服务人员看起来一点儿也不紧张。他身材瘦小，戴着眼镜，看起来很斯文，脸上的表情镇定自若，轻松自如地应对着眼前的一切。

他面前站着的旅客，是一个矮胖的妇人，头上扎着一条丝巾，已被汗水湿透，眼神里充满了焦虑与不安。问询处工作人员倾斜着上半身，以便可以听到她的声音。"您要问什么？"他把头抬高，集中精力，透过厚厚的镜片看着这位妇人，"您要去哪里？"

这时候，有一位穿着时尚，一手提着皮箱，头上戴着昂贵帽子的男士，试图插话进来。可这位服务人员就像没看见一样，继续和这位妇人说话："您要去哪儿？"

"澧县。"妇人回答说。

"是甘肃的礼县吗？"

"不，是湖南的澧县。"

他根本不看行车时刻表，直接告诉她："那班车是在10分钟之内，在15号站台发车。你不用着急，时间还很充裕。"

"你说的是15号站台，对吗？"

"是的。"

当女人转身离开，这位服务人员才把注意力转到那位戴着昂贵帽子的男士身上。可是，没过多久，那妇人又回头来询问站台号码。"你刚刚说的是15号站台，是吗？"这回，服务人员没有理会她，而是集中精力为戴帽子的男士服务。

有人请教那位服务人员："你能不能告诉我，你如何做到保持冷

静的？"

"我没有和公众打交道，我只是单纯地处理一位旅客的问题。忙完一位，再换下一位。一整天下来，我一次只服务一位旅客，却一定要让这位旅客满意。"

一次只有一个目标，是解决工作不断被迫中断而变得效率低下的良方。德鲁克曾在《哈佛商业评论》上就"每次只做一件事"发表文章，以他丰富的经历非常肯定地指出："我还没有碰到过哪位经理人可以同时处理两个以上的任务，并且仍然保持高效。"

时常在工作中把自己搞得疲惫不堪的人，多半都是没有掌握这个简单的方法。如果能够专注一点，让大脑一次只想一件事，清楚一切分散注意力、产生压力的想法，使思维完全进入当前的工作状态，就不会因为事务繁杂，理不出头绪而顾此失彼了。

第二章 目标为灯：方向正确，虽远必达

如果，你拥有一万双眼睛，
为什么一直还只用一双眼睛看世界？

第三章
计划为基：没有计划就是在计划失败

胜利藏在谋划中

歌德有一句忠告:"匆忙出门,慌忙上马,只能一事无成。"

精悍短小的话语里,隐藏着深奥的学问,他说的就是计划的重要性。不管做什么事,事先都得有计划,不能鲁莽行事。对工作而言,不一定非要实现什么大的目标才制订计划,完成日常的任务,也需要制订计划和方案。

有位管理学家曾用"四只虫子吃苹果"的故事,透彻地分析了做计划的方法。在这里,我们不妨共同回顾一下,掌握一些必要的方法。

第一只虫子,辛苦地爬到苹果树下,它根本不知道这是一棵苹果树,更不知道树上结出的红红的果实就是苹果。它看见其他虫子都往上爬,自己也稀里糊涂地跟着往上爬,没有目的,也没有终点,更不知道自己到底想要什么样的苹果,以及如何去摘取苹果。结果有两种,或是找到大而甜的苹果,幸福地生活着;或是在树叶里迷了路,过着食不果腹的日子。寻找苹果的虫子,绝大多数都是这一种,没想过生

精准落实：解决问题见成效

命的意义：为什么而努力？

第二只虫子，也爬到了苹果树下。它知道这是苹果树，也确定了自己的目标就是要在这棵树上找到一个大苹果。可它不知道，苹果长在什么地方。它琢磨，这苹果应该长在大枝叶上。于是，它就慢慢地往上爬，遇到分枝的时候，就选择比较粗的树枝继续爬，按照这个标准，它努力了很久，最后终于找到了一个大苹果。它刚想扑上去吃一口，放眼一看，这苹果不是最大的，周围还有很多比它大的苹果；更让它生气的是，要是它上一次选择另外的一个树枝，就能得到一个超大的苹果。

第三只虫子，来到苹果树下时，头脑很清醒，知道自己想要的就是大苹果。它研制了一副望远镜，在开始爬之前，先用望远镜搜寻了一番，瞄准了一个大苹果。同时，它发现从下往上找路时，会遇到很多分枝，有各种不同的爬法。如果从上往下找路时，只有一种爬法。它细心地从苹果所在的位置，由上往下反推到目前所处的位置，记下了这条确定的路径。

然后，它就开始往上爬，遇到分枝时毫不慌张，因为心里很清楚该走哪条路，不必跟着其他虫子去挤。例如，它瞄准的苹果是"教授"，那就该沿着"深造"的路去走；如果目标是"老板"，就该沿着"创业"的路去做。按理说，这只虫子应该会有一个不错的结局，因为它事先有计划。可事实没那么乐观，这条虫子爬得太慢了，当它抵达目的地的时候，那只苹果不是被别的虫子抢先占领了，就是已经熟透而烂掉了。

第四只虫子，和前面三只不一样，它做事有规划，清楚地知道自己想要什么，也知道苹果是怎样长大的。它用望远镜观察苹果，把目标锁定在一个含苞待放的苹果花上。它计算着自己的行程，估计到达的时候，这朵花正好长成一个成熟的大苹果。按照这一计划，它行动了，果不其然，在那颗苹果成熟的时候，它成了第一个拥有者。

从这四只虫子的做法上，管理学家总结出了几条结论：

第一只虫子，没有目标，没有计划，懒惰糊涂，不知道自己想要什么，一辈子庸庸碌碌地活着。生活中的很多人都处于这样的状态中。

第二只虫子，有自己的想法，知道想要什么，但不知道如何实现目标。它只是遵循着习惯去做事，看似走的是正确的路，实则却一点点地偏离了目标，而自己浑然不觉。忙碌了半天，竹篮打水一场空。其实呢，它曾经与正确的选择离得很近，只是未曾发觉。

第三只虫子，有清晰的人生计划，也能做出正确的选择。可惜，它的目标太远大了，而自己的行动却过于缓慢，机会不等人，时间也是有限的。单凭个人的力量，也许一生辛劳，也未必能找到那只苹果。若是制订了合适的计划，再充分利用外界的力量，它很可能就成功了。

第四只虫子，不仅知道自己要什么，还知道如何得到苹果，以及得到苹果需要的各种条件。为了这个目标，它制订了清晰的计划，在望远镜的帮助下，一步步地实现了自己的理想，时间也安排得刚刚好。

细想一下，我们的工作过程也和虫子吃苹果的经历差不多，要想做好一件事情，也需要像第四只虫子那样，做好详细的计划，绝不能

精准落实：解决问题见成效

盲目冲动地行事。科学可执行的计划，犹如火车的轨道，有了轨道，才能安全、快速地前进。

一个清单熨平一天的狼狈

如果人是一条船的话，那么在人生的海洋中，约有95%的船都是无舵船。他们漫无目的地漂着，对起伏变化的风浪束手无策，只得任其摆布，随波逐流，结果，要么触岩，要么撞礁，以沉没终结。

剩余那5%的人，他们有方向，有目标，研究了最佳航线，掌握了航海技术。他们从此岸到彼岸，从此港到彼港，按部就班、有条不紊地进行着。那些无舵船一辈子航行的距离，他们只需两三年就能达到。如同现实中的船长一样，他们知道航船的目的，知道将要通行或停泊的下一处港口；就算是一次探险航行，也有把握去应对突发的状况。

工作也是一样，成功偏爱有准备的人，效率属于有计划的行动。

美国"时间管理之父"阿兰·拉金说过："一个人做事缺乏计划，就等于计划着失败。有些人每天早上预定好一天的工作，然后照此实行。他们是有效地利用时间的人。而那些平时毫无计划，遇事现想主意的人，只有'混乱'二字。"

确实，想要提升做事的效率，就得养成善于计划的习惯。培根曾说："选择时间就等于节省时间，而不合乎时宜的举动则等于乱打空气。"没有切实可行的工作计划，必然会浪费时间，如此就更不可能拥有高效率。

张某是世界知名食品公司营销中心的总监，全公司5000多人中有3000多人对他的工作直接或间接产生影响。为此，他总是忙得一塌糊涂。有一回，在总部举行的工作研讨会上，他谈到了对时间管理的看法：

"现在我不再加班工作了。我每周工作50~55个小时的日子已经一去不复返，也不用把工作带回家做了。我在较少的时间里做完了更多的工作。按保守的说法，我每天完成与过去同样的任务还能节余1小时。我使用的最重要的方法就是，制订每天的工作计划。现在我根据各种事情的重要性安排工作顺序。首先完成第一号事项，然后再去进行第二号事项。过去则不是这样，我那时往往将重要事项延至有空的时候去做。我没有认识到次要的事竟占用了我的全部时间。现在我把次要事项都放在最后处理，即使这些事情完不成我也不用担忧。我感到非常满意，同时，我能够按时下班不会心中感到不安。"

这就是制订合理的工作计划带来的益处，可以高效地完成重要的工作，少走很多弯路。

有一位老教授，他每天都工作到下午六点钟，晚上出去散步，回来以后就写第二天的工作安排。他说自己每天的工作量是一般人的三倍左右，但是却比一般人更悠闲，原因就是：多数人一天忙忙碌碌却没有计划性，回想起来一天似乎什么都没有干好；另外就是，多数人选择太多，所以太忙，今天想做这个，明天想做那个，总是觉得属于自己的东西太多。其实，选择少一点，才能活得更充实。

那么，该如何来给自己的工作制订计划呢？相关的专业人士给出

精准落实：解决问题见成效

了一些有效的建议：

○ 每天清晨列出一天的任务清单

每天早上或前一天晚上，把一天要做的事情列出清单，其中包括公事和私事。在一天工作过程中，要经常进行查阅，如开会前十分钟，看一眼自己的清单记录，若还有一封电子邮件要发的话，完全可以利用这段空隙完成。当你做完清单上的所有事情时，最好再检查一遍，通过检查确认事情都已经做好，你会体会到一种成就感。

○ 把即将要做的工作也列入清单

完成计划的工作后，把接下来要做的事情也记录在每日的清单上，如果清单上的内容已经满了，或是某项工作可以改天再做，也可以将其算作第二天或其他时间的任务。有些人总是打算做一些事，最后却没有完成，往往是因为没有把这些事情记下来。

○ 一天结束后，把当天未完成的工作进行重新安排

有了每日的工作计划，也加入了当天要完成的新任务，那么对于一天中没有完成的那些任务，要怎么处理呢？如果事情真的很重要，那么没问题，顺延到第二天；若是没那么重要，可以与相关人员讲清楚未完成的原因。当然了，最好是今日事今日毕，偶尔顺延一次无妨，但切忌养成拖拉的习惯。

○ 记录当月和下月需要优先做的事

要管理好自己的时间，高效地工作，月工作计划也是不可少的。在每个月开始的时候，制订一个详细的计划，并将上个月没有完成而本月必须完成的工作加入清单中。

○ 保持干净整洁的桌面

一个工位乱糟糟的人，不会是一个优秀的时间管理者，因为他经常会在翻找文件这些问题上浪费大量的时间和精力。所以，保持桌面干净、用品整齐，这样的好习惯，能最大限度地帮你节省精力，在第一时间找到自己所需要的材料。同时，把和一项任务有关的东西都放在一起，这样查找起来更为方便；彻底完成了这项任务后，再把这些东西全部转移到其他地方，减少不必要的干扰。

总之，工作计划对于一个追求高效的职场人来说是必不可少的，它能让你做事更顺利。当你学会了安排自己的时间，让工作的时间得到最大程度的利用，你会发现解决问题的能力和效率都在提升，且距离成功也越来越近。

时间是计划出来的

时间会有终点，生命会到尽头。如果你总期待自己做事面面俱到，事事优秀，想让人生的每个阶段都在别人的掌声和鲜花中度过，那么很遗憾，这恐怕不是人力可为的。很多时候，真相往往是这样的：你越想把什么都做好，就越是手忙脚乱，最终一事无成。

既然精力有限，那么时间就要做好分配，有所选择。什么事情必须做好，什么事情可以做好但是不那么紧急，什么事情紧急但是不那么重要，什么事情可有可无，这些分类看似简单，实际上却需要人为地去判断，去筛选。

精准落实：解决问题见成效

假如每天只让你做一件事情，可能你会全力以赴，做到最好。假如每天有二十件事让你去做，那么你能做好的可能只有一两件，能做成的大概只有五六件，其余的，要做好就需要你有相当超人的能力了，或者你可以选择直接放弃。

李倩是职场新人，在校时成绩优异，人缘极好，长得又很漂亮，对自己要求极其严格，自己也挺开朗，是公认的快乐女孩。但是初入职场，她总觉得自己心力交瘁，疲惫不堪，而且很小的事情也做不好，有时候，明明事情在计划之内，却还是不能按时完成。她很苦恼，只好不停地加班，即使这样，还是不能把事情都处理好，而且经常会遭到批评，她觉得自己已经不能适应这个社会了。

上司很快发现了她的问题，提醒她说："其实有时候你做了太多无用功。比如早上有几份文件根本就不需要处理，而你不但细致地记录下来，还一一做了详细的回复，那些东西对我们的工作是没有用处的。你把时间浪费在那些没有用的事情上。今天上午，经理交给你的那份报告才是最重要的。你把不重要的事当要事来处理，把重要的事情丢在一边，下班之前不能够完成任务，你肯定又得加班了。"

"但是，那些邮件不需要处理吗？"李倩为自己辩解着，她还是想把所有的事情都做好。学校时期养成的自我要求的性格，促使她不放弃任何事情。

"可以处理啊，等你闲下来的时候，你可以给自己一些时间来处理未完成的事情。时间是有限的，你应该学会合理地分配时间，把握时间，而不是事无巨细。即使是有足够经验的老员工，他也不能事事都处理得完美无缺。试想一下，假如单位给你一百万去做投资，你愿意把一百万分成许多份，每一份都赚一些小钱，然后积少成多，还是拿一百万做一个大的项目，一次性获取最大的效益？"

"当然是做一个大项目了"。李倩毫不犹豫地回答。

"这就对了，当你把这些钱分成小份的时候，你需要每一项目都有足够的时间来实施并加以管理。那么你投资一个大的项目的时候，你会集中精神专心做这一件事。当你把这一件事情做好的时候，你就是成功的。工作也是如此。事事都要求完美，最后什么也做不好，还不如给自己制订一个详细的计划，找出工作重心在哪里，让自己摆脱完美的牢笼，做最好的自己，这就足够了。"

李倩听后恍然大悟，原来自己的问题在于不懂得合理计划安排时间上。

确实，当一个人不能很好地掌控时间，不能充分地发挥自己的能力，就会让自己陷入一种"忙不完"的状态中，自然也会让自己产生"我很没用"的想法。

"可以支配的时间就是财富本身"，马克思经过许多年的研究得出的结论，值得我们深刻思考。一寸光阴一寸金，寸金难买寸光阴，时间是一种巨大的财富，合理地利用时间就是对财富的合理利用。在合理的时间内，合理地做好适当的事情，花开需结果，这才是聪明人的选择。越是什么都想做好，越是什么也做不好。做得多不代表成功，成功即成为有用之功。

数量不代表质量，满足于"数量"而非"质量"，是个令人担忧的问题。把"数量"堆积起来像小山一样，会得到别人的肯定吗？不会，没有人因为你的这些忙碌而理解你、赞赏你，他们只会看你做成了什么，而不是说你做的过程是怎样的。这是个高效率、高质量飞速发展的时代，忙碌的人并不一定能得到掌声，成功的人必然得到尊敬。

假如你还是什么都想做，假如你还是事事亲力亲为，假如你还是追求完美，那么你会让自己陷入疲惫的状态，越劳累，越无力，越焦虑，越失败，恶性循环，自信心在流失，积极性受到打击，这样你还能做好任何事情吗？

有舍才有得，舍弃一部分不必要的工作，把你手上正在进行的，做到最好，这就是职场成功之道。

计划外有计划

计划再周密也可能百密一疏，有意外情况出现，很多小概率事件的发生可能让我们始料不及，手忙脚乱。在进行规划时，也要对意外情况有所准备。

"黑天鹅事件"是指不可预知的不寻常事件，就像纳西姆·尼古拉斯·塔勒布（Nassim Nicholas Taleb）在《黑天鹅》(The Black Swan)一书中所描述的那样。我们日复一日、年复一年的生活都需要不断前进。意外并不罕见，出现的频率也不低，而且我们已经学会了如何应对它，或者说至少可以磕磕绊绊地走过。但是"黑天鹅"有所不同——我们一辈子可能也碰不到一次。因此，就像塔勒布所说的那样，我们在遭遇"黑天鹅"时的反应会决定我们的生活轨迹。

既然"黑天鹅"的定义决定了我们无法未雨绸缪，自然也不能因为它而寝食难安，那么我们究竟应该如何应对呢？一个能力会非常有用，那就是——适应力。

在工作中总是不缺少突发事件，如果一个人只能按部就班地工作，对于任何突然出现的变化都无法接受和适应，那必然会被社会淘汰。

具有良好适应力的人有以下显著特征：

○ 内心平和。
○ 高度的自知之明。
○ 不同寻常的经历，如有过大起大落的人生、吃过一般人没有吃过的苦。
○ 喜欢应对一般的混乱局面。
○ 善于沟通、交际面广。
○ 活力四射。
○ 正直。
○ 幽默感。
○ 懂得移情。（"我可以感受到你的痛苦"——并非与别人抱头痛哭，而是表现出同情。理解有些人的适应力有限，并且尊重这些人，不把他们看作"失败者"。）

- 快速作出艰难抉择，不瞻前顾后。
- 果断，但不苛刻。
- 鲜明的个性与同等鲜明的团队合作精神。（这可能是一种理想状态，不过我们可以把它作为目标。）
- 了解规则及其重要性，但在必要的时候回避它。
- 乐意接受新奇思想的挑战，但是总体来说属于实干型。
- 满怀希望。

具有良好适应力的组织的显著特征：

- 为各个岗位和各个层次聘请适应力强的员工。也就是说，将"是否表现出适应力"作为考察重点。
- 提拔那些展现出良好适应力的员工，并广而告之。
- 组织具有分散化的结构，可以避免因筹划不周而导致满盘皆输的问题。
- 能够应对紧急情况。
- 居安思危，在平稳时期懂得利用各种变化的因素考验团队，警醒大家。
- 预留应对突发情况的资源，有重要资料备份的良好习惯。
- 培养全体员工的积极主动、关心与尊敬、执行力、责任心等素质。
- 具有"适应力文化"，将其作为明确的组织价值观。
- 全心全意关注一线员工的进取心。（未雨绸缪的一大缺点就是它或多或少地依赖装备精良、成本昂贵的"紧急情况责任人"的反应。但是，大量证据表明，最关键的决策都是由现场人员所做出的——在最敏捷的"紧急情况责任人"到达现场之前。）
- 漫步式管理——在任何时间对任何事情进行现场沟通。
- 良好的透明度。（保证所有人的知情权，不让一个人蒙在鼓里。）
- 利用模拟演练考验整个组织——运动员经常这样做，你的会计部门怎么就不可以呢？
- 特立独行的人们在被提拔的员工中占到相当大的比例。特立独行的人们总是认为"怪异即正常"。
- 真正的多样性。不同的意见和背景具有无限价值。

"做了"不如"做好"

A在一家地产公司做文案，月薪3000元。她写的稿件漏洞百出，老板看过后很不满，当即发怒让她重写。没想到，心高气傲的A竟然狠狠地回了一句："一个月3000元，你还想怎么样？"老板愤怒极了，可又无可奈何，只得摆摆手请她走人。

B也来这家公司应聘，起薪同样是3000元。可一个月后，她的工资就涨到了6000元。因为老板要的文案，她不仅写了，还拿出两个以上的风格让老板挑选：一个是按照老板的要求写的，一个是她自己的想法和建议。

事实上，B并不是刻意做给老板看，她只是很喜欢写东西，习惯琢磨怎样写会更好。同时，她也很珍惜自己的文字，觉得那关系到个人品牌，所以做得很用心。遇到了如此用心的好员工，老板当然不会吝啬多给她一点报酬，表示对她的认可和鼓励。

工作不能只满足于"做"，要力求"做好"！

不少员工说过这样的话："我没比谁干得少，凭什么涨工资的是他，升职的是他，外派出国的是他？"是啊，凭什么呢？你要知道，老板都是心明眼亮的，你做了多少事他都看在眼里，别人做了多少事他也心知肚明，你看到或许只是别人跟你做着同样的工作，可老板看到的绝对是不一样的工作成果。

一个房地产推销员工作特别认真，在团队里算得上是精英人物，在顾客眼里也是最值得信赖的业务员。能得到一致的好评，源自她的优质服务，有顾客坦言："她不是那种卖掉房子就不管不顾的人，我在买了房子后，她对我依然是那么热情。"

她的工作做得很仔细，比如：注意了解供水的情况，帮顾客安装电话；熟悉当地某学校某年级学生教师的比例，能够叫出老师的名字；知道附近的公交车通往哪儿，走什么路线最便捷等。每当有新住户搬进新家后，她都会准备一份小礼物，在住户来的时候送给他们。礼物虽小，可情意浓浓。与那些在介绍楼盘时热情微笑、卖掉房子后冷若冰霜的人相比，她的真诚、热情、细致着实温暖了不少客户的心。

海尔集团创始人张瑞敏总在向员工灌输这样的理念："说了不等于做了，做了不等于做对了，做对了不等于做到位了，今天做到位了不等于永远做到位了。"

对待工作，不能只停留在"做"的阶段，满足于"做了"的标准，而是要力求"做好"。

举个简单的例子。老板让你给客户打电话，你打了，可是对方没有接。表面上看，这件事情你的确是"做了"，可这样的"做了"跟"没做"有什么区别呢？如果你把这样的结果告诉老板，他会有何感想？客户没有接，你可以试着再打一次。或者考虑一下你打电话的时间是否合适？是不是对方在开会不方便接听？除了尝试这一个电话号码外，还有没有其他的途径可以找到客户？

"做了"和"做好"，尽管只是一字之差，可两者却有本质上的不同。前者只是走过场、注重表面形式，后者却是实实在在对组织、对工作的结果负责。在老板眼里，一个员工的执行能力的强弱，关键在于他是重视"做了"还是"做好"，只有"做好"才是真的"做了"。

那么，怎样才能称得上"做好"呢？很简单，就是做到100%令人满意。

一家公司的年度表彰会上，完成任务的员工得到了奖励，没有完成任务的员工只能眼巴巴地看着。私下，一位没有完成任务的员工抱怨："我已经完成了任务的90%，任何奖励也没有，真是有点心寒，就算没有功劳也有苦劳吧？"

部门负责人无意间听见了这番话，知道这不是个别员工的想法。会上发言时，他说："我知道，很多员工也付出了很多辛苦，但是没有得到奖励，心里有些不平衡。对此我想说，即使你完成了99%的任务，也不应该受到奖励，因为99%和70%或者是40%是一样的，都属于没完成任务。也许你会说，99%和100%的差别有那么大吗？有！这就像长跑比赛，你在99%的时间里占据了优势，可是最后的1%你放弃了、落后了，你就不能当冠军。任何事情，只有做到100%才是合格，才算做好。"

其实，任务只是一个载体，老板要的不是任务本身，而是通过任务给企业带来实实在在的益处。所以，对待工作，既然选择了做，那就竭尽全力去做好，尽你所能为企业提供它需要的结果，力求真正地执行到位。

第一次就把事情做对

"第一次就把事情做对（Do It Right the First Time，简称DIRFT）"是著名管理学家菲利浦·克劳士比"零缺陷"理论的精髓之一。他告诉人们，"第一次就把事情做对"是最便宜的经营之道！道理很简单：第一次没有把事情做对，势必要做一些修修补补的工作，做第二次、第三次，这些都是额外的浪费。

克劳士比指出，管理层必须不断地通过找出做错事情的成本来衡量质量的成本，这种成本也被称为不符合要求的成本。为此，他创立了这样一个公式：质量成本（COQ）=符合要求的代价（POC）+不符合要求的代价（PONC）。所谓"符合要求的代价"，就是指第一次把事情做对所花费的成本，而"不符合要求的代价"却使管理层意识到浪费成本的存在，从而确定要改进的方向。

第三章 计划为基：没有计划就是在计划失败

一次，克劳士比应一位著名企业家的邀请，去该企业做咨询。这位企业家对克劳士比先生抱怨说，自己平日太忙了，根本都没有时间去赚钱。问及原因，才知道是他的工厂总是无法按期完成生产计划，总是延期发货，客户们对此有很大意见。为了赶工期，他不得不新招聘400名工人加班加点地工作，可生产进度依然赶不上增加的订单。

克劳士比到他的工厂进行了一番考察：那是一家非常现代化的组织，厂房明亮，规划整齐，生产设备也很先进，有七条装配线能把不同的部件组装在一起，且每条装配线的尽头都设置了检查站，一旦哪个环节出现问题，质检人员就会记录在一张单子上。然而，几乎每台机器都会在某个环节出现不同程度的问题，出现问题的产品被送到返工站。那里搭建了几个工作间，由最有经验的工人负责返工的工作，返工之后产品就能够出厂，发给客户了。

考察的整个过程中，克劳士比一句话也没说。午餐时，企业家终于忍不住了，他问克劳士比："有什么办法能把返工的次数减下来吗？"说着，他还列举了一些难以规避和解决的问题，如机器在生产过程中不可能没有失误；工人们都很敬业，为了返工可以工作到夜里12点，已经是极限了；技术上的改进在两年内实现不了等。

克劳士比笑了笑，说："实际上，我给的建议很简单——取消返工区，您不妨一试。"

企业家摇摇头说，说道："取消返工区？先生，您是在开玩笑吧？这样的话，返工的产品在哪里重新修复加工呢？要知道，返工的产品占全部产品的30%！"

克劳士比告诉他，其实只需要做一件事，就能把所有的问题都解决掉，而且以后永远都不会出现返工。企业家不相信，称不可能有这样的情况。克劳士比没有说话，只是拿出了纸笔，写下这样的建议：

关闭返工站，让在那里工作的人都回到各自的生产线当中去，做指导员和培训员；

在生产线尽头摆上三张桌子，让质量工程师、设计工程师和专业工程师各管一张；

将出现的缺陷按"供应商的问题""生产过程中产生的问题""设计的问题"进行分类，并且坚持永远、彻底地解决和消除这些问题。

将机器送回生产线修理。

建立"零缺陷"的工作执行标准。

虽然心里有些疑惑，可企业家还是按照克劳士比的建议进行了改革。结果，他们发现了许多管理问题。比如，订购零件时只看价格高低，忽略了质量；没有对生产线的工人进行很好的培训；有的人接受了这样一种观念，那就是一切都需要返工……几个星期以后，他们的生产进度发生了质的飞跃，无论订单如何增加，总能按时或提前完成任务。

不仅如此，他们还在车间设立了一个标志板，上面写着生产无故障、无缺陷产品的天数。随着时间的推移，这个数字越来越大，甚至连他们自己都不敢相信。而且，他们还学会了检查新产品的方法：工人一边装配，一边将出现的问题提出来并解决掉。工人们再也不必每天加班到12点，而且按时上下班，有更多的时间去享受业余生活。

最让他们高兴和自豪的是，由于企业生产速度很快，提供的产品质量稳定，性能可靠，很快他们就占据了本行业最大的市场份额。日本企业原本已经进入了这一市场，但因为看到了该公司的领先水平，最终选择了退出。这家企业也成了所属行业中第一家打败日本企业的企业。

回顾整件事，在克劳士比提出取消返工区时，几乎所有人都觉得这是不可能的，因为在他们看来，"第一次就做好"是一个理想化的状况，不可能在现实中发生，谁也不可能在第一次就制造出零缺陷的产品，尤其对他们这样的企业来说，更是奢望。

可实际情况又是怎样的呢？"第一次就做好"没有想象的那么难！此后，他们先后兼并了七家工厂，这些工厂也都采取了同样的管理办法。即便是那些只有小学文化水平的人，也一样做到了"没有返工"的要求，且每家工厂的利润都提高了10倍以上。

把事情做对、做好有很多机会。如果一项工作有十次做对的机会，第一次没做对，第二次没做对，第三次没做对……到第九次做对了，结果是对了，但相比第一次直接把事情做到最好，却浪费了大量的时间。所以，当一件事情是有意义的，且具备了把它做好的条件，为什么不一次性就把它做好呢？第一次就把事情做对是成本最低的，也是效果最好的。斗争精神同样要求我们不断寻找解决问题的最优解。

很多事情，做不做得到是能力的问题，想不想做到是思想的问题。如果你始终秉持着"一次就把事情做好"的原则，那么你就会尽最大努力去实现目标，你的工作会变得更加高效，你的生活也会变得更加丰富。

在很多人的工作经历中，应该都发生过工作越忙越乱的情况：解决了旧问题，又产生了新问题。由于忙乱而产生新的工作错误，结果事情越做越多，不仅自己忙，还会使身边的人也跟着忙，最终造成了巨大的人力和物力的浪费。

要想在工作中避免这种"忙乱症"，"第一次就把事情做对"是最好的解决办法。

有人会说："人非圣贤，孰能无过。要一点错误都不犯，这不可能啊！"话这么说是没错，但是我们会发现，工作中的绝大多数错误，其实都是可以避免的。人们犯错的根本原因，不是没有不犯错的能力，而是没有那种"绝不犯错"的心态。

执行力的高低最终决定竞争力的强弱，直接影响到组织的生存与发展。因此，我们强调"第一次就做对"。"对"是战略目标，"做"是执行，"第一次"是效率。

盲目地忙乱毫无价值，必须终止！第一次就把事情做对，才是解决"忙乱症"的要诀。我们每个人都应该检讨自己的工作，因为第一次没把事情做对，给组织造成的损失是巨大的。组织中每个人的目标都应是"第一次就把事情做对"。

高质量的工作来自零缺陷的产品，高收益的组织来自高效能的习惯。一家公司的老总曾为员工算过一笔账："我们公司的产品净利润很低，只有3.25%，如果第一次就把事情做对，我们的成本会降低

1.8%~2.6%，相当于提高了总利润的55%~80%。换句话说，如果大家都能够第一次就把事情做对，公司运作一年就等于赚了一年半以上的利润。假如把这些多出来的利润拿出20%作为奖金，大家想想拿到手的工资会是多少？如果每个员工都能这样要求自己，那我们公司的发展前景又会是什么样？"

第一次就把事情做对、做到位代价最小，收效最大，这不仅仅是一种工作方法，更是关系到一个企业、一个组织兴衰成败的重要法则。

第一次就把事情做对，是对自己负责，也是对组织负责。所以，在工作中，第一次哪怕多花点时间和精力，也要把事情做到位，坚决避免一切无谓的从头再来！

黄金时间发挥黄金价值

生活中，我们常常有这种感觉，前一秒还是精力充沛，激情满怀，后一秒就开始消极颓废，满脸倦容。很多人觉得这是因为情绪上的波动引起的，其实这是一种正常的现象。

人在每个时期的不同状态，导致了工作和生活的节奏是快还是慢，也就导致了工作效率的高低。那么了解自己的生理状况并合理运用自己最好的时间，也就是我们所说的黄金时间，是一种快速获得高效率的必经之路。

一个对自己的工作有详细计划的经理，曾经把他对时间的安排发给每一个新来的员工。这是他自己在升迁过程中总结出来的经验：

清晨刚刚收拾完毕，来到自己办公室，阳光洒满窗台，这时，你的身体刚刚苏醒，大脑处于空白时期，比较清晰，可以把一天的工作计划归类整理，各项事务分工。在思维极度清醒的状态下，做事情条理清晰，思维敏捷。获得一天中最重要的信息，并合理安排好自己的工作时段，给自己制订一个小小的计划。

9点到10点，是真正的黄金时间，此时思维敏捷，大脑活跃，这时可以做一些重要的事情，比如电话回访、客户谈判、设计创造等比较重要的工作。这样会让你的工作能力在这段时间得到充分的发挥。

10点到11点，思维活跃度逐渐达到高峰，身体处在最佳状态。可以把今天的会议、报告或者汇报等工作，处理得很完美。这段时间不能放松自己，把自己最好的姿态，贡献给最重要的工作。

11点到12点，身体有些疲劳，需要稍稍休息一下，饥饿感在逐渐传递，可以回复一下邮件，整理一下资料，把昨天遗留的工作处理完毕。必要的时候，和同事讨论一下工作的进度或者计划。

午饭过后，身体处于困倦状态，稍稍休息一下，适当调整自己，为下午的战斗打好基础。

14点到16点，身体已经恢复。要让自己冲锋在最前线，做一些高难度、复杂的计算工作，把全天工作最核心的部分加快步伐处理完毕。这个时期的工作会表现出工作成绩和效率。充分利用好这个黄金时段，那么你一天的工作基本上就有了保障。

17点到18点，精神疲劳、视觉疲劳，各种疲劳相继出现，那么不要做一些思考难度太大的问题，要让自己的思维得到放松的同时，身体上继续为工作忙碌。体力上的劳动暂时转移一下精神上的疲惫状态，劳逸结合的同时，也没有耽误正常的工作。

晚饭后如果你还在加班，那么你就要开始静下心来整理一天的资料了。这个时间用来复习和回顾最好不过，可以写下总结和明天的安排。

一天里最好的阶段如果被充分利用并放大到最佳，那么你这一天的效率会比别人高出很多。不要小看黄金时期的作用，利用好黄金时期会缩短你与梦想之间的差距，并飞速提高你的技能。

很多人不了解自己的黄金时间，做事胡子眉毛一把抓，在最好的时间里打一些不太重要的电话，回复一些不必要的邮件，白白浪费了黄金时间。等到重要的事情降临，又疲惫不堪，没有精力，于是一天下来，工作倒是做了不少，但是效率并不高，下班后要加班加点，忙到很晚。

同样的情况下，有一些人就很"悠闲"。他们似乎没有被工作困扰的烦恼，难道是他们能力超强吗？也许不是，如果你留心，就会发现，那些人总是在总结，在计算，在合适的时间段把工作效能提升到最高。黄金时期来临，他们会紧紧抓住并突破自己，灵活地运用自己的能力，在合适的时间，做合适的事情。于是，在同样的时间里，他们能做出比别人更多的事情。

黄金时期是精神与生理恰到好处地结合的时间，那么如果你不把它们白白浪费了，回报自然是翻倍的。黄金时间在任何人的生命里都是平等的，不是你有我没有，我有他没有。找到属于自己的黄金时间，合理利用自己的黄金时间，是非常必要的。

当然，用好黄金时间，还要注意一些细节：

1.记录自己的生理变化并及时做好总结。

2.将自己的工作分类并把最重要的工作安排在黄金时期。

3.切记在黄金时间不要被琐事和他人打扰。

4.制订一个计划，如需要可随时调整自己的计划。

5.保持良好的工作状态，避免自己过于疲惫或懒散。

6.一周或者半个月给自己的工作做一个很好的分析，查漏补缺并鼓励自己。

7.请别人帮忙，善于借助他人的力量，让自己的时间安排变得更加合理，让自己的计划变得更加完美。

总而言之，用好黄金时期，让自己随时精力充沛，那么工作效率自然也就提高了。

第三章 计划为基：没有计划就是在计划失败

或许，单看树的每个枝条是相互独立的，
回到根部，源头就是"一"

第四章
执行为舟：执行到位，多干不累

心动不如行动

在一次培训课上，培训师问在座的学员："有多少人希望薪水翻倍？"

几乎所有人都会笑着举起手。然后，培训师又问："有多少人希望自己能有所作为，做到管理层的位子？"大家又笑了，纷纷举起手。

培训师继续问道："有多少人希望还清贷款，财务自由，过想过的生活？"到这时，台下有笑声，还有鼓掌的声音，大家还是不约而同地举起手。

很明显，大多数人都有远大的目标，渴望升职加薪，经济自由，给自己和家人更好的生活。这样的愿景是很美好的，可接下来的问题和答案，听起来却不那么美好了。当问到"为什么你还没有实现这些目标，过上想过的生活"时，叹息和无奈取代了笑声。

"我没有高学历""我没有技术""我没有遇到合适的机会""经济形势不好""我的家庭环境不好""老板太苛刻了"……各种原因，纷纷入耳。听起来似乎都情有可原。

我们会对他们表示理解，但在理解之后，他们应该也知道：这个世界上，有人比你的状况更糟糕，但他们还是通过自己的努力取得了成功，过上了自己想过的生活，成为自己想成为的人。

为什么他们可以越过阻碍，获得成功？答案只有六个字：不找任何借口！

著名管理学家和培训师吴甘霖先生，曾经在清华大学高级总裁班上对一些企业家做过一项抽样调查。当问到"哪一类员工，是你们最不愿意接受的员工"时，答案是：

（1）工作不努力而找借口的员工。

（2）斤斤计较的员工。

（3）华而不实的员工。

（4）损公肥私的员工。

（5）受不得委屈的员工。

当问到"哪一类员工是你们最喜欢的员工"时，答案是：

（1）不等安排工作就能主动做事的员工。

（2）通过找方法加倍提升业绩的员工。

（3）从不抱怨的员工。

（4）执行力强的员工。

（5）能为单位提建设性意见的员工。

这一调查结果，再次印证了一个结论：凡事找借口的员工，是任何企业里都不受欢迎的员工；不找借口找方法、诚实面对问题的员工，是任何企业都需要的员工。

那么，在实际的工作中，不找借口、不逃避问题、诚实地面对自己，体现在哪些方面呢？

- 立即行动

当一个企业借口蔓延的时候，这个企业就丧失了发展力；当一个员工习惯找借口的时候，这个员工就丧失了成功的机会。那些在岗位上取得一定成就的员工，在接到任务的时候，从不去想条件怎样差，只想自己该怎样做。

执行，存在一个时间问题，选择立即行动，还是拖延等待，结果大相径庭。一个成功者必是立即行动者，因为立即行动能让人保持较高的热情和斗志，提高做事的效率；相反，拖延却只会消耗人的热情和斗志，让人变得愈发懒惰，愈发没有接受挑战的勇气。所以，要提高执行力，就不要找任何借口拖延，去做才会有改变。

- 承担力

现代企业需要的人才，不仅要有出色的工作能力，还要具备强大的内心。很多员工在遇到困难、遭受失败时找借口，多半是不敢去面对，试图用借口来为自己辩护，掩盖过错，逃避该承担的责任。

导致这种行为的原因，无外乎是出于对面子的维护，或是害怕影响自己在他人心中的威信和信任。其实，这些担心都是多余的。我曾就此问题与一位知名企业的总裁探讨过，他是这样说的："我很希望我的下属都有承认错误的勇气。没有不犯错的人，包括我自己在内。我不会因为谁犯了个小错就全盘改变对他的看法。相反，我更看重一个人面对错误的态度。"

在工作中有失误不是什么可怕的事，怕的是不敢承认，找借口为自己辩护。积极、坦率地承认和检讨，尽可能地对事情进行补救，防止事态恶性发展，并从错误中吸取经验，这才是正确处理问题的态度，也是赢得信任和尊敬的做法。

没有任何借口，是每个员工都当秉承的理念，这是一种诚实的态度，一种负责的精神，一种完美的执行能力。在每个工作日的早晨，或是在开始工作之前，在心里默念一遍下面的话："我是一个不需要借口的人。我对自己的言行负责，我要付诸行动，我知道工作意味着什么，我的目标很明确。我要尽自己最大的努力去工作，不抱怨环境，不逃避困难，不去想过去，只想如何继续自己的梦想。不找任何借口，因为我对自己充满信心！"

勤奋是执行的养分

人生数十载，能够精通一门手艺就很不容易了，但有一个人却精通诗、书、画、印，这个人就是著名画家齐白石先生。如果用两个字来总结他成功的原因，那么非"勤奋"莫属。齐白石一天不画画心慌，五天不刻印手痒，作品数量惊人，质量颇高。

纵观齐白石先生的一生，似乎一直都跟"匠"有缘。齐白石出身贫寒，11岁开始打柴、放牛、捡粪；13岁开始扶犁、插秧、收稻。不过，齐白石并没有放弃学习，在回忆里，他曾写过这样的情景——牛角挂书牛背睡，可见幼时读书之勤。

15岁那年,家里人送齐白石去学木匠。这是一个养家糊口的手艺,齐白石很勤奋地学着那些雕花的木工活。渐渐地,方圆百里都知道了有个姓齐的木匠。不过,他不是一个"安分"的人,看见别人画像,觉得有意思,就偷学了几回,随后径直写真,没想到神形俱备。那时候,乡间有人去世,没有遗像,就会临时请行家来画一个。为了赚钱养家,齐白石不嫌画活儿晦气,照单全收。

后来,有乡绅留意到了这个多才多艺的青年,不忍心看他的天赋被埋没,就主动找到他,问是否愿意学习真正的绘画?齐白石当然愿意,但他担心去读书学画,就无法做工维持生计。乡绅给他出主意,让他一边读书学画,一边靠卖画赚钱。就这样,齐白石认了这位师傅,开启了从木匠转为画匠的生涯。

齐白石最擅长画小虾、小虫等动物,造诣很深。后来,他又学习篆刻,并得了一个"三百石印富翁"的雅号。关于这个雅号,其实是有典故的,我们从中能够领略到这位大师的勤奋与刻苦。

初学篆刻时,齐白石经常不得要领,为此很是苦恼。一次,齐白石去请教一位擅长篆刻的朋友,那位朋友告诉他,想学好篆刻有个窍门:到南泉冲去挑一担础石回来,随刻随磨,等到刻上三四个点心盒,石头都磨成了石浆,你的功夫也就到家了。

听了朋友的指点,齐白石真的这么做了。他弄回许多石料,刻完磨掉,磨完再刻。屋内一个地方弄湿了,换个地方再继续。就这样,不断地移动位置,直到整间屋子没有一块干爽的地方。他就那么专心致志地刻,日复一日,年复一年,础石越来越少,地上的淤泥越来越厚。

精准落实：解决问题见成效

当一担础石都化成了泥，齐白石也练就出了一手高超的篆刻技艺。

齐白石刻的印，雄健、洗练，独树一帜，达到了炉火纯青的境地。多年后，当齐白石回想起自己学习篆刻的经历，写下了这样两句话："石潭旧事等心孩，磨石书堂水亦灾。"

对齐白石来说，勤奋绝非一时兴起，而是一生的习惯。他对画画和篆刻的坚持，不是为了功名利禄，而是发自内心的喜爱。

优秀的人从来不会因为现有的成就而停留，他们时刻以高标准来要求自己，在勤奋中追求更精湛的技艺。正因为这种勤奋和刻苦，才使得齐白石先生从一个牧童到木匠，从木匠到画匠、雕匠。他的锐意进取、永不懈怠的精神，造就了他中年时期的"五出五归"、60岁时的"衰年变法"和名扬中外的艺术成就。

金字塔尖上的人物，大开大合，成就伟业，固然可羡。可对于平凡的我们来说，世间也有一条路可走，就是像齐白石先生用一生实践这种勤奋刻苦、不断进取的工匠精神，在专注和积累中，成就属于自己的不凡。

99%的执行最终是失败

百分之百的执行力，到底有多重要？如果你以往没有思考过这个问题，或许看了北京香山饭店的由来，你就会意识到，不折不扣地落实工作，是多么不可小觑的事。

第四章 执行为舟：执行到位，多干不累

贝聿铭是美籍华裔建筑师，在1983年获得了普利策奖，被誉为"现代建筑的最后大师"，在业界有着极其崇高的地位。在他看来，建筑必须源于人们的住宅，这绝非过去的遗迹再现，而是告知现在的力量。就是这样一位对工作有着严苛标准的人，其生平期望最高的一件作品，却成了他心头最大的痛，而这件"失败的作品"，就是北京香山饭店。

北京香山宾馆是贝聿铭第一次在国内设计的作品。他想通过建筑来表达孕育了自己的文化，在他的设计蓝图中，宾馆里里外外每条水流的流向、大小、弯曲程度，都有着精确的规划，对于每块石头的重量、体积的选择，以及什么样的石头叠放在什么样的位置，都有着周密的安排；对于宾馆中不同类型鲜花的数量、摆放的位置，随着季节、天气变化调整等，也有明确的说明，真可谓是匠心独运。

贝聿铭说："香山饭店在我的设计生涯中占有重要的位置。我下的功夫比在国外设计有的建筑高出十倍。"在香山饭店的设计过程中，他企图探索一条新的道路。秉承着这样的理念，他在这次设计中吸收了中国园林建筑的特点，对轴线、空间序列和庭园的处理，显示出了极高的中古古典建筑修养。他坦言，想要帮助中国建筑师寻找一条将来与现代化结合的道路，这栋建筑不要迂腐的宫殿和寺庙的红墙黄瓦，而要寻常人家的白墙灰瓦。

在香山的日子，贝聿铭经常把自己的思想传达给设计师后，就去做其他的事情，然后再回来监督进度，而后向客户汇报。香山饭店凝聚了他对新中国的情感，所以格外重视。

精准落实：解决问题见成效

但是，工人们并不理解这位伟大建筑师的构想和志向，他们在施工的时候对细节不屑一顾，根本没意识到，建筑大师的独到之处都是通过这些细节体现出来的。他们随意改变水流的线路和大小，搬运石头时也不分轻重，在不经意中"调整"了石头的重量、形状，摆放的位置也没有按照设计的进行。

结果可想而知，建造出来的东西早已不是贝聿铭当初设计的样子。看到自己的精心设计被工人弄成这样，贝聿铭心痛不已。这座宾馆建成后，他一直都没有去看过，他觉得这是自己一生中最大的败笔。

看到这里，你一定也会感叹：倘若一切流程都按照贝聿铭当初设想的那般来进展，也许我们就可以领略到一座别有风韵的建筑了。这也充分说明，设计安排得再好，不表示结果就好，这两者之间还隔着两个重要的字：执行！执行到位，才有可能产生预期的结果；执行不到位，结果就可能谬之千里。

这样的事情，我们在职场中也很常见。有些人在工作时马马虎虎，没有全力以赴地把事情做到百分之百，自认为没什么大不了，不会差太多，等结果出来了才知道，与预期的大相径庭。表面看起来，似乎也是付出了，但这种付出和行动，并没有多大的意义。

你以为做到90%就好了，那你是否知道这个数学等式：$90\% \times 90\% \times 90\% \times 90\% \times 90\% = 59\%$。每个细节都只做到90%，看似"很不错"，但最终的结果可能是一个不及格的分数。面对清晰的蓝图和明确的工作目标，不能打任何折扣，哪怕是99%也不行。

执行就好比在墙上敲钉子，钉不到点上，钉子要打歪；钉到了点上，只钉一两下，钉子会掉下来；钉个三四下，过不久钉子仍然会松动；只有连钉七八下，这颗钉子才能牢固。工作需要的是精品意识，要以完美为标准，把精品意识融入工作的全过程中，力求每一道工序、每一个环节都能精益求精。

优胜劣汰的丛林法则，在职场中同样适用。想在竞争中拥有克敌制胜的资本，站稳脚跟不断前行，就得具备百分之百的执行力，力求把任何工作都做到最好。如此，才不会有人轻易取代你的位置。要做到完美执行，就得严格要求自己，全力以赴，不敷衍、不糊弄，像钉钉子一样，一板一眼，扎扎实实。有了百分之百的执行力，就有了无往不胜的竞争力。

做事想"如何"终得好结果

你会不会经常把这样的话挂在嘴边——
"如果当初去另外一家单位就好了，那边的薪资待遇比这里强多了！"
"如果没接手这个项目，现在就不用加班熬夜了。"
"如果我有一个通情达理的上司就好了，省得天天挨批。"
"如果……"

跳出工作的范围，我们还可能说出更多类似的"愿望"，恨不得重新活一回，一切都从头再来。可惜，这不过是一种无可奈何的叹息和不切实际的空想。总是沉浸在这样的幻想里，不会让现状有丝毫的改变，只会让人的意志更消沉，让问题积压得更多，变得更复杂。

美国有一位成功的推销大师，他在给学员做培训时，总是提出这样的忠告："做一个只想'如何'的人，不要做一个只想'如果'的人。"

"如何"与"如果"，看似不过一字之差，实则有天壤之别。

他解释说："想'如果'的人，只是难过地追悔一个困难或一次挫折，悔恨地对自己说：'如果我没有做这或那……如果当时的环境不一样的话……如果别人不这样不公平地对待我的话……'就这样从一个不妥当的解释或推理转到另一个，一圈又一圈地打转，终是于事无补。不幸的是，世上有不少这样只想'如果'的失败的人。

"考虑'如何'的人在麻烦甚至灾难来临时，不浪费精力于追悔过去，他总是立刻找寻最佳的解决办法，因为他知道总会有办法的。他问自己：'我如何能利用这次挫折而有所创造？我如何能从这种状况中得出些好结果来？我如何能再从头干起，重整旗鼓？'他不想'如果'，而只考虑'如何'。这就是我们教给推销员的成功程式。"

第二次世界大战期间，一艘美国驱逐舰停泊在某国的港湾。那天晚上，明月高照，非常安静。一名士兵在值班巡视全舰时，突然停住了脚步，他看到了一个乌黑的大东西在不远处的海面上浮动着。敏锐的他立刻意识到，这是一枚触发水雷，有可能是从某处雷区脱离出来的，正在随着退潮慢慢地朝舰身中央漂来。

他连忙拿起舰舱内的通信电话机，告诉值日官。值日官快步赶来，并通知了舰长，发出全舰戒备信号，所有官兵都动员了起来。大家愕然地注视着那枚慢慢漂近的水雷，大家都了解眼前的状况，知道灾难即将来临。

这个时候，舰长和其他军官立刻开始筹划解决办法：

第一，立刻起锚走？不行，时间不够了！

第二，发动引擎让水雷漂离开？不行，螺旋桨的转动会让水雷更快地漂过来。

第三，以枪炮引发水雷？不行，那枚水雷离舰艇太近了。

第四，放下一只小艇，用长杆把水雷拖走？不行，那是一枚触发水雷，况且根本没有时间去拆下水雷的雷管。

想了这么多办法，看起来这场灾难是不可避免了，真的要坐以待毙？就在这个时候，一个士兵突然灵光乍现，说："把消防水管拿来，用水把水雷排到远处。"大家恍然大悟，赶紧抬来消防水管，朝着舰艇和水雷之间的海面喷水，制造一条水流，把水雷带向远方，接着又用舰炮引爆了水雷。

一场危机就这样被化解了。整个过程中，没有人说过"如果"二字，所有人都在想"如何"解决问题。事实证明，每个人都有成为"英雄"的潜能，都可以找到办法巧妙地处理掉麻烦，就如那名普通的水兵，在危难面前的表现丝毫不比军官逊色。

真正优秀的人从不会让思想和脚步停留在过去，幻想着一个又一个的"如果"，他们会选择承担，积极地思考，想着"如何"解决难题，摆脱眼下的窘境。这是一种负责的、敬业的工作精神，也是一种主动的、有活力的工作态度，更是一种全力以赴的执行能力。

精准落实：解决问题见成效

提到工作，有人总说："如果我再年轻一点儿，我肯定会尝试去新的领域发展。"

年龄真的是门槛吗？曾经，一个65岁的老人创办了一家餐厅，结果他把炸鸡卖到了全世界，这个老人就是哈兰·山德士，他的餐厅就是肯德基；英特尔公司的总裁贝瑞特，也不是年纪轻轻就荣登这个高管的位子的，他接管公司的时候已经60岁了；还有里根，到了73岁时依然在参加总统竞选。对有心想做成一件事的人来说，任何时候开始都不算太晚。

提到发展，有人又说："如果我学历高点儿，也就不用像现在这样做着基础的工作了。"

学历真的是阻碍吗？一位大学生中途辍学，没有拿到文凭，可他选择了自己喜欢的领域，用心钻研，然后创立了微软帝国，他就是比尔·盖茨；还有一个出身贫穷的人，从小没上过学，到了15岁那年才花了40美元在福尔索姆商业学院克利夫兰分校就读三个月，这是他一生中接受的唯一一次正规的商业培训，但这并未阻挡他拥有一片大好的前程。这个穷孩子，在多年后成了有名的石油大亨，他的名字叫洛克菲勒。

更有甚者，把眼下不顺利的境遇归咎于没有一个好的出身，抱怨说："如果我生在一个条件好的家庭，现在的情况肯定不一样。"

出身真的能决定一切吗？看看张朝阳、刘永好，他们中有几个是靠继承祖辈的产业成功的？多少优秀的人，都是靠着日积月累的努力，一点点成就了自己，用家庭出身的好坏作为衡量能否成功的标杆，不过是一种无能的逃避。

"如果"二字，其实就是借口的化身，它是一个无底洞，会吞噬人积极的心态和行为。借口会让人忘记责任，忘记上进，变得毫无斗志、胆小怯懦，把时间浪费在不断重复"如果"上，倒不如多想想"如何"去提升自己、改变现状。丢掉"如果"，多想"如何"，是每一个员工都当具备的素质。

专注是最好的武器

这个世界上最可怕的武器，不是切金断玉的宝刃，而是一个人坚定不移的信念。如果一群人拥有一个共同的信念，去专注地做一件事，则可以主宰一切，也可以摧毁一切。无数个鲜活的案例已经印证了这一观点。

有些人能力很强，但在事业上却没什么发展，总觉得是生不逢时，其实真正的问题在于，做事三心二意、懒懒散散，不够专注。放眼望去，所有成功的军事家、企业家、英雄、伟人，除了具备智慧与执着的精神之外，还具备专注的素质。

翻看历史，读一些伟人的传记，我们往往能总结出一些共通之处：出色的发明家、艺术家、思想家，他们的成功都不是一蹴而就的，而是经历了漫长的过程，勤勤恳恳，稳扎稳打。

汪中求先生在《细节决定成败》一书中说："在中国，想做大事的人很多，但愿意把小事做细的人很少；我们不缺少雄韬伟略的战略家，

精准落实：解决问题见成效

缺少的是精益求精的执行者；不缺少各种规章制度，缺少的是对规章条款不折不扣地执行。我们必须改变心浮气躁、浅尝辄止的毛病，提倡注重细节、把小事做细。"

凡事要循序渐进，倘若跨越了事物的发展阶段，往往不会有太理想的结局。太急了，就会失去耐性，损伤根基，容易被诱惑所动摇，也无法做到兼顾细节，精益求精。只有一步一个脚印，踏踏实实地去做，舍得花费时间来证明自己，才会"一分耕耘一分收获"。

我们都知道，科学研究是一项大工程，绝非一日之功。那些献身于国家的科学家，往往是几十年如一日地去做研究，始终保持严慎细实的工作作风。

1965年，潘镜芙受命主持我国第一代导弹驱逐舰总体设计工作。

这是潘镜芙年少时的梦想，可真的触碰到梦想的那一刻，潘镜芙却发现，这条路走起来比想象中艰难太多。过去，我国造的水面舰艇都是单个武器装备军舰，彼此间没什么联系，全靠指挥员的口令来人工合成作战系统，综合作战能力较差。

关键时刻，"中国导弹之父"钱学森参与了确定驱逐舰导弹系统方案的会议，提出了"系统工程"的观点。这让潘镜芙茅塞顿开，他决定要把这个理念应用于舰船设计中。为了实现"系统工程"的目标，潘镜芙带领同事去调查国产设备研制情况，这些设计单位分散在全国各地，他们在"吃着窝头，每人每月三两油"的艰苦条件下，先后召集一百多家单位参与设备研制，解决了一系列的技术难题。

第四章　执行为舟：执行到位，多干不累

1968年，第一代导弹驱逐舰首制舰在大连造船厂开工建造。历经四年的艰苦奋战，首制舰于1971年12月顺利交付海军服役。从此，中国海军第一次拥有了具备远洋作战能力的水面舰艇，我国驱逐舰进入导弹时代，而潘镜芙也被外国同行称为"中国第一个全武器系统专家"。

20世纪80年代，世界各国军舰都在竞相升级导弹驱逐舰，而我国的驱逐舰与国际先进水平相比，还落后很多。这让潘镜芙很焦虑，他意识到，研制更先进的驱逐舰已经迫在眉睫。为了适应新技术条件下的作战需要，我国开始研制第二代新型导弹驱逐舰，潘镜芙担任总设计师。

那时，潘镜芙又做了一个有争议的决定：在第二代导弹驱逐舰的动力装置上引用国外设备。有人讥讽他说："如果设备出了问题，难道要让外国人来解决吗？"潘镜芙再次顶住压力，强调说："引进国外设备和技术，可弥补国内的一些短板不足，让新型驱逐舰整体站在较高的技术起点上，加快国产驱逐舰的发展速度。凡引进的设备，都要确定国内的技术责任单位和生产单位，实现国产化，填补国内技术空白。"

1994年和1996年，由潘镜芙主持设计的中国新一代导弹驱逐舰哈尔滨舰和青岛舰分别交付海军使用，新型舰艇缩小了与发达国家的技术差距。1995年，哈尔滨舰先后访问朝鲜、俄罗斯；1997年，又作为中国海军编队主要军舰访问美国、墨西哥、秘鲁和智利，实现了中国军舰首次环太平洋航行。2002年，青岛舰远航4个多月，横跨印度洋、大西洋和太平洋，实现了中国海军历史上的首次环球航行。

精准落实：解决问题见成效

1995年，潘镜芙当选为中国工程院院士。

此后的他，逐渐退居二线，不再具体负责舰船设计工作，但仍然担任国产军舰设计的顾问，为新型驱逐舰的改进做贡献。

从踏入铸舰这个领域，到第一代导弹驱逐舰交付使用，并实现首次环球航行，潘镜芙花费了整整四十年的时间！

任何伟大的事业，都是聚沙成塔、集腋成裘的过程；任何经久不衰的艺术品，都是精雕细琢、反复打磨后的结果。沉下心来，不浮不躁，实事求是，坚持不懈地把每一处细节都做到完美，是我们在把工作精准落实的路上克敌制胜的"武器"。

专注地做事，不一定非要去做多么重大的项目，正所谓"万丈高楼平地起"，行动本就该脚踏实地，从最基本的事情做起。有一个钢铁公司的普通工人，十几年来未曾换过岗位，每天都做着同样的工作。在别人看来，他做的事没什么技术含量，也没什么前途，可他最终却成功了，从一个普通工人成长为某省十佳技能创新人才，屡次创下该公司的某项经济指标的最高水平。当别人询问他成功的方法时，他平静地说："把简单的事情做到极致。"

这真的不是空话，只是太多人对简单的事不屑一顾，总渴望做大事，才觉得"做好简单的事能成功"是不可能出现的奇迹。可现实告诉我们，它就是一条经过实践证实的真理！在做简单的事情时，你能专注其中，就不会感到厌烦，会从中发现别人未曾发现的东西，而这很有可能就是一个机会。

黛比·弗尔慈是美国加州的一个普通主妇,婚后一直过着拮据的日子。为了改善生活,她想到要开创一份属于自己的事业。可是,能做点儿什么呢?一没有雄厚的资金,二没有一技之长,唯一能拿得出手的绝活就是现烤软饼干。要不,就开一家做软饼干的专卖店吧!

萌生了这个想法后,黛比就开始行动了。她找到自己认识的一名行销专家,对方在某公司担任高管,对市场经济和行情都很了解,且吃过她做的饼干,还称赞味道不错。可当她把自己的计划告诉对方时,对方却说:"这根本行不通,没人会买你的烤软饼干。"

黛比有些失落,但依旧不死心,她又专门请教了不少食品方面的专家。可这些人还没有听完她的话,就摆手说不行。后来,黛比又开始寻求家人的支持,但周围没有一个人支持她,都说她的主意太怪,根本不可能成功。

面对众人怀疑的目光,黛比没有放弃,1977年8月,她孤注一掷地开了第一家现烤饼干专卖店。开张当天,果然一个顾客也没有,毕竟当时多数人都会自己做饼干,就算要买也会要那种包装好的松脆饼干。

在极度沮丧的情况下,黛比想到用免费试吃的方法来吸引顾客,让人们在试吃的过程中拉拉家常,交流一下做饼干的心得,创造了一种温馨的氛围。时间长了,人们都开始自愿到她的店里去买现烤的软饼干。

渐渐地,黛比饼干店的顾客越来越多,规模也不断扩大,她想到了开连锁店,从第一家到第二家,一直开了几十家,后来又从美国发展到世界各地,先后在全世界1400多个城市有了她的连锁店,年营业额逾4亿美元。黛比还把自己的创业历程写成了书,至今销售已经超过

精准落实：解决问题见成效

180万册，并不断在各地演讲，成了美国知名的励志演说家。

黛比的巨大成功，就起源于做小小的软饼干。看似多么不起眼的一件事，可是专注于其中，把想法付诸行动，它就可能成为改变命运、创造奇迹的机遇。所以，无论眼前的工作是怎样的，请将你的意志贯注其中，认真而用尽心力地做好这件事。当你这样做的时候，你就已经走在脱颖而出的路上了。

习惯依赖就是习惯失败

曾有科学家做过一项有关潜在生命力的研究。

每天清晨，从笼子里抓出一只白鼠，放进一个透明的玻璃水池内，然后开始计时，看小白鼠能挣扎多久。科学家会在旁边观察小白鼠在水中的挣扎情况，直到那只小白鼠快要溺亡的危急时刻，才会把它捞出来。第二天，科学家会再次抓起前一天的那只小白鼠，进行同样的实验。这样的实验进行了一周左右，每天的记录显示，小白鼠挣扎的时间在不断减少。

一天清晨，科学家又在继续他的实验。他把小白鼠丢进池中观察。当实验进行到一半的时候，电话铃响了，科学家转身去接电话。由于是要好朋友打来的，且有重要的事情想请他帮忙，谈话时间稍微长了一点，科学家也忘了还在池中挣扎的小白鼠。等他挂完电话去看池中的小白鼠时，它已经死亡，浮在水面上了。

科学家分析：由于此前将小白鼠丢进池中后，过不了多久就抓它上来。连续几天，它便知道了，只要自己快要沉没时都会有人来救自己，既然如此，何必苦苦挣扎呢？因为有了这种依赖的心理，使得它在真正危急的时候还想着有一只手来解救它，结果放弃了挣扎，放弃了生存的机会。

我们不妨设想一下：倘若小白鼠从一开始就拼命挣扎，不把脱险的希望寄托于外界的帮助，那么它在水中挣扎的时间会不会越来越长，适应能力会不会越来越强呢？一切都未可知。但从整个实验的结果来看，我们能够得出的只有一点：依赖心理越强，退化得就越快！

导致依赖的原因无外乎两点，一是缺乏自信；二是惰性使然。习惯依赖的人，一旦遇到问题立刻就会想到去寻求帮助，明明这件事他自己能够处理好，却总是感觉自己不行，只有求人才能做好。同时，在过去的经历中，他习惯了不付出或付出较小的代价就把事情做好，再遇到问题时，自然而然就会想到请别人帮忙，如此自己就能减少辛苦和麻烦。

依赖他人，只看眼前的话，会觉得省时省力，但从长远的角度来看，并非什么好事。它会让你失去自己的个性，变得平庸无奇；它会让你受到所依赖者的支配和制约，无法掌控自己的命运；它还会让你失去进取的精神，陷入被动的境地。更重要的是，总在借助别人的力量去做事，你根本认识不到自身的价值，更挖掘不出自己的能力。

松下幸之助年幼时就失去了父亲，后家道中落，无所依靠的他不得不扛起养家的重任，那一年他只有15岁。这些不幸的经历，让他过早地体会到了做人的艰辛。

1910年，他只身来到大阪的一家电灯公司做室内安装电线练习工。尽管是初次接触这个行业，可他诚实的品格和上乘的服务，却深得老板赏识。22岁那年，他成了公司最年轻的检查员。生活似有了好转，却不料更大的灾难降临了。

有一天，他无意中发现自己咳出的痰中带着血。他很害怕，家里已经有九个亲人因这种奇怪的家族病在30岁前就离开了人世，其中就包括他的父亲和哥哥。医生叮嘱他安心休养，可现实的状况告诉他，一旦停下来生活就会失去着落。同时，他也深知这种遗传病的最坏结果，对可能发生的事情做好了充分的精神准备。

他一边工作一边治疗，并形成了一套与病魔做斗争的办法，那就是不断调整自己的心态，用平常心去面对疾病，调动自身的免疫力、抵抗力，保持积极的状态。这样的过程大概持续了一年，他的身体逐渐变得结实起来，内心也越来越坚强。

这段经历，这种心态，后来影响了他的一生。

患病期间，松下幸之助思索出了改良插座的办法，但公司并未采用。这激起了他自己创业的想法，之后不久他就辞掉了公司的职务，组建了松下电器公司，开始独立经营插座生意。当时，受第一次世界大战的影响，物价极高，而他手里所有的资金还不足100日元，可想而知日子有多难。雪上加霜的是，由于公司最初的产品只有插座和灯头，且销路一直不好，工厂难以为继，员工们一个个都走了。

松下幸之助并未灰心，他把这一切看成创业的必然经历，相信再坚持一下总会成功。果然，功夫不负有心人，公司的生意逐渐有了好转。6年后，他拿出了第一个像样的产品，也就是自行车前灯，带领着公司走出了困境。

此后，松下电器公司又接连遭遇了一系列的坎坷，1929年的经济危机，让松下的产品销量锐减，库存激增。"二战"的爆发严重影响了日本的经济，日本的战败让松下幸之助变得一无所有，还欠下了10亿日元的债务。

松下幸之助没有任何依靠，也没有任何退路，如果他不硬着头皮往前走，等待他的就是失败。在一系列的打击面前，他自己给自己鼓劲，一次次地站了起来，不仅打破了遗传病的魔咒，还平复了企业管理中的诸多波折，缔造了一个神话般的企业，成就了无可替代的自己。

谦虚好学、不耻下问是一种积极的态度，也是初入职场时必备的素质，但凡事都当有度，如果过分依赖别人的引导和帮助，就会逐渐丧失自己的主动性，遇事懒于思考和努力，最终陷入原地踏步甚至退步的境地。

为了避免类似情况的发生，在工作的过程中要谨记以下几条重要的原则：

第一，把求助改为求教。遇到问题的时候，你可以寻求别人的帮助，但不要要求对方帮自己做什么，而是请教对方给自己一个思路。在经过别人的教导后，依靠自己的力量去克服困难，完成任务。

第二，把追求结果改为追求方法。遇到自己不会或是不太擅长的事情，可以寻求别人的帮助，但在对方帮你的时候，要充分发挥自己的主动性和创造性，学会对方做事的方法，能够举一反三，不要把目标放在别人帮自己完成任务上，而是要把本领学会，将来遇到同类的事情能够独立解决。

第三，把被动接受他人的思想改为主动思考并消化。在面对一些专业的权威人士时，不要认为他们经验丰富，就没勇气发表自己的意见，这样的听从、认同，会失去独立思考的意识和能力。最好的办法是，虚心听从指教，积极思考，不懂的地方适度发问，积极与对方讨论，直到自己理解并独立完成为止。

最佳的开始时间是现在

说起"二战"，许多人都会想起一个名字——小琼斯。当年，就是这位年轻的华盛顿特区邮差将"二战"结束、日本人最后投降的消息送往美国白宫的。但人们并没有想到，琼斯在前往总统府送信时发生的小插曲，无意间耽误了"二战"结束的重要历史时间。

2006年4月，电影《信使》在美国上映，让这一段颇为有趣的历史情节重现在人们眼前。影片导演昆西·皮克林在宣传首映式上说："在今天看来，这样富有历史意义的情节是不可忽视的。"

那么，琼斯在送信的途中究竟发生了什么呢？

当年的报纸只是简单描述，他因交通原因耽搁了送信的时间，却并未透露其他细节。为了揭开谜底,影片将整个过程进行了演绎。

1945年8月14日,琼斯在毫不知情的情况下,奉命向白宫送信。在送信途中,他抽出时间约了朋友共进晚餐,甚至还在餐厅跟女招待员调情。晚餐过后,他按照邮递地址驱车前往白宫。抵达后,由于违规掉头,被白宫的警察拦住,耽搁了几个小时。

百转千折后,这封重要的信函总算到达了目的地。当时,杜鲁门总统和幕僚们正在焦急地等待着这一转变战争命运的重要信函。导演皮克林说:"琼斯害怕丢掉工作,根本不敢透露自己偷懒的细节。"

2005年12月31日,琼斯因病去世。在生命垂危之际,影片导演皮克林特意找到他,进行了一次专访。这时,76岁的琼斯才把事实的真相道出。他回忆说,当杜鲁门总统接到信后,还问他:"年轻人,你带了什么给我?"显然,琼斯并不知道这封信的意义。在看过信后,杜鲁门拍了拍琼斯的头说:"这是一个好消息,非常好的消息。"琼斯也因此一夜成名。

尽管这件事已过去多年,但影片将这一情景重现荧屏,依然值得我们深思。做事拖延、习惯偷懒的人,自认为没什么大不了,却不知多少宝贵的时间、重要的机会,都在漫不经心中溜掉了。

生活中常有这样的事发生,有人打电话找你,你却不在,同事转告你,让你抽空给对方回个电话。恰好你手里有其他的事,想着回头再说吧,就把这件事耽搁了。几天后,你突然想起来,又打电话给对方,得知前几天他刚好有一笔生意介绍给你,可一直没等到你,因为着急就给了别人。

工作的事情也是一样。老板交代你一项任务,告诉你最迟月底完成。你接过任务后,心想着还有半月的时间呢,不必太着急,你很有自信能够在规定时间内完成这项工作。于是,你每天不慌不忙地浏览着网页,搜集点儿相关的资料,和朋友聊聊天,想着在最后几天开始做也一样可以完成,不必太着急。况且,工作是干不完的,这会儿忙着做完了,肯定又会被派新任务,连喘息的机会都没有。

休息得差不多了,你准备开始工作了。没想到,计划赶不上变化,老板突然安排你去参加一个行业研讨会,显然这是老板对自己的信任和器重,提升自己的机会怎能错过?你耽误了一整天的时间,但还是觉得没关系,大不了晚一天再开工。

到了第二天,意外状况又出现了,公司电脑集体中毒,全部需要维修。眼看着时间又少了一天,手里的任务却还刚开始做,无奈之下,你只好跟老板商量多给一天的时间。下班回家后熬夜加班,匆匆撰写出了一个方案。

由于方案写得太仓促,新意明显不够,而客户催得又很急,连修改的时间就没有了。最后,客户对方案非常不满,甚至提出取消合作。讲究原则、做事严谨的老板很生气,原本有才能、有创意的你,面对这样的情形,却不知该如何收场?

任何时候,都不要抱有"再等一会儿""有空再说""明天再做"的想法,该解决的问题、该完成的任务,立刻就去做,一分钟也不要推迟。选择执行后，也当一气呵成，不要中途磨磨蹭蹭、拖拖拉拉，把所有的松懈和懒散的冲动都扼杀在摇篮里，时刻提醒自己：最佳的开始时间是现在，最理想的任务完成日期是昨天。

"分""秒"必争

华罗庚说过，时间是由分秒积成的，善于利用零星时间的人，才会做出更大的成绩来。确实，时间是世界上最短缺的资源，除非严加掌控，否则就会一事无成。

对时间的重要性，很多人都深谙于心，只是到了现实中，面对时间的流逝却无动于衷，或者说根本无意识。待到了某一个时期，回顾过往的所有，才感慨不知道时间都去哪儿了。明明是一刻不停地在奔波，却什么收获也没有。

之所以会出现这样的状况，有一个很重要的问题，就是只把大块的时间当作时间，忽略了零散的时间。总是想着"等我有空了再去做"、"等我手上没事的时候再去做"，他们把"空"和"闲"的时间混淆了。在玩手机、聊微信、看网页的时候，肆无忌惮地浪费着时间，可在面对一些重要的事情时，却还是口口声声说"没空"。

麦肯锡公司做过一个调查，让人们了解了空闲时间的秘密。这份抽样调查显示：美国城市居民平均每日工作时间为5小时1分钟；个人生活必需时间为10小时32分钟；家务劳动时间为2小时21分钟；闲暇时间为6小时6分钟。四类活动时间分别占总时间的21%、44%、10%

和25%。每一天，人们都是这样度过的。十年来，人们的闲暇时间增加了69分钟，闲暇时间占据了一个人生命的1/3。此调查还显示，本科以上学历者的终生工作时间是低学历者的3倍，平均每天学习的时间为50分钟，收入是低收入者的6倍以上。

那些在事业上有成就的人，没有一个是喜好清闲，贪图安逸的。他们都非常珍惜时间，哪怕是零散的时间，都会积极地利用起来。人与人之间存在环境、机遇、性格、能力上的差异，但这不是决定性的因素，如何运用时间来进行自我完善、突破瓶颈、提升效率，才是更为关键的。

澳大利亚著名的生物学家亚蒂斯，用他的智慧和时间，为人类成功地发现了第三种血细胞，还让人看到了利用好空闲时间能创造出怎样的奇迹。他非常珍惜自己的时间，还给自己定了一个制度，睡觉前必须读15分钟的书，无论忙到多晚，哪怕是凌晨两三点钟，进入卧室后也一定要坚持读15分钟的书。这个制度，他坚持了50年左右，一共读了8235万字、1098本书，从医学专家成长为文学研究家。

斯宾塞说过："必须记住我们学习的时间是有限的。时间有限，不只是由于人生短促，更由于人事纷繁。我们应该力求把我们所有的时间用去做最有益的事情。"如果能把闲暇的每一分钟都利用起来，每个人都有可能从根本上改变自己的命运。

不要总说没有时间，雷锋的钉子精神早就解释过这个问题："有些人说工作忙、没有时间学习。我认为问题不在工作忙，而在于你愿不愿意学习，会不会挤时间。要学习的时间是有的，问题是我们善不善于挤，愿不愿意钻。"

那些有进取心、有紧迫感的人，像抓救命稻草一样抓着时间，一刻都不敢懈怠。如果你每天落后于别人半步，一年就是一百八十二步，十年就是十万八千里。时间真的就像海绵，要靠一点一点地挤；时间也犹如边角料，需要我们合理利用。

蒙特拉尼是美国一家知名法律咨询公司的顾问，工作能力和效率都很高，深得顾客信任。她每年都要接受很多大型法律案件的咨询工作，也要频繁地来往于美国的各个州，她大部分的时间，都是在飞机上度过的。

顾客信任蒙特拉尼，不仅因为她有过硬的专业知识，还因为她有超强的亲和力，总让人觉得亲切和温暖。蒙特拉尼在处理和顾客的关系时，还有一个特殊的办法，就是在处理案件之前给顾客发邮件。这样做的话，既能跟顾客保持亲密的关系，还能从顾客的回复中，了解到自己要处理的案件的具体情况，提前做出分析、查找资料，提高效率。

运用这样的方法，给蒙特拉尼的工作带来了极大的便利，且她的这些工作全是在等飞机和乘坐飞机的途中用电脑完成的。有一次，同样在等飞机的一位女士，看到了蒙特拉尼工作的情景，好奇地询问她："这两个小时里，我注意到你一直在发邮件，你发邮件如果是为了工作的话，那么你一定能受到老板的重用。"蒙特拉尼笑着说："是啊，您说得没错。我正在给我的顾客发邮件呢！我也确实受到了重用，现在我已经是公司的副总了。"

时间是由分秒组成的，用"秒"来计算时间的人，比用"分"来计算时间的人，更懂得如何利用每一分钟，不会因为时间零碎就无情地将其浪费掉。鲁迅先生曾说过："哪里有天才，我只是把别人喝咖啡的时间用在了学习上。"一句简短的话，就道出了成功的秘密。

所以，别再嘲笑在公交车、地铁上看书读报的人是装模作样了，他们是在充分利用零散的时间提升自我，超越别人的脚步往往就藏在这些细碎之处。把零散的时间充分利用起来，坚持不懈地努力，不久的将来，你会惊喜地发现自己的改变。

守少则固，力专则强

亚当斯说过，再大的学问，也不如聚精会神来得有用。当我们能够心无旁骛地做某个工作时，往往能够高效取得令人惊喜的成果。

一家商店招聘员工，在店铺门口贴了一张特殊的广告："招聘一个能自我克制的男士，每个月2万元，条件优秀者可提高到3万元。"一时间，附近的人们开始讨论"自我克制"是什么意思呢？还从未看到过这样的招聘条件。

不少求职者带着好奇心来商店面试，而他们都要经过一个特殊的考试。

"会阅读吗？年轻人。"

"没问题，先生。"

"你能读一读这段话吗？"商人把一张报纸放在求职者面前。

"可以的，先生。"

"你能一刻不停顿地朗读吗？"

"没问题。"

"好，跟我来。"

商人把应聘者带到自己的私人办公室，关上了门。他将报纸递到求职者手中，上面印着刚刚的那一段文字。阅读一开始，商人就放出了几只可爱的小狗，小狗围在求职者的脚边。年轻人没有经受住诱惑，不禁把目光移到小狗身上。由于视线离开了报纸，他忘记了自己刚才答应过商人的话，要一刻不停顿地朗读，结果就出了差错。显然，他失去了工作的机会。

这样的求职者，商人一共经历了70位。最终，只有一位小伙子不受诱惑，一口气把那段话读完了，商人非常满意。在面试过后，他们之间进行了这样一段对话。

商人问："你在阅读的时候，没有注意到脚边的小狗吗？"

小伙子说："是的，先生。"

"我想，你应该知道它们的存在，对吗？"

"是的，先生。"

"那你为什么不肯看它们一眼呢？"

"我答应过您，要不停顿地读完这段话，我不会轻易转移目标，放弃阅读的。"

"你总是这样信守承诺么？"

"是，我会尽最大努力去做，先生。"

商人兴奋地说："你正是我要找的人！明天早上七点钟，你就过来上班吧！你的工资是每月3万元。我相信，你会是一个有前途的人。"

一家知名的网站，曾经对8000名职场人做过一项调查，结果显示：有近70%的人在工作中会不停地放下手里的事，自行分散注意力；有30%的人表示，一旦注意力被打断，就要花很长的时间才能重新集中。

研究表明，我们每小时要被各种大大小小的干扰因素打断11次，这些干扰占据了我们工作时间中的一个半小时。为此，我们付出的代价是什么呢？每个员工每年少创造数万元的价值，除了金钱上的损失以外，还会因为压力增加而搭上健康。

工作的任务是固定的，耽误的工作时间，总要用娱乐和休息的时间来弥补，结果就导致睡眠不足、压力骤增。上班时间分心走神，一个看似不起眼甚至容易被忽略的习惯，可能就是平庸与优秀的分水岭。

不重视工作时间与效率，不能专注地做事，养成闲散怠慢的陋习，会错失很多被重用的机会。那些在工作中脱颖而出的人，都是带着使命感去工作的，他们工作起来不会做任何无关的事，通常都是提前进入工作状态。

那么，如何才能够摒弃干扰，在工作中保持专注的状态呢？

• 把精力放在一件事上

贪多嚼不烂，话糙理不糙。我们总是恨不得一下子完成所有的工作，通常到最后，哪个都做不好。很多人不是输在能力不足上，而是把能力分散到太多的地方，要杜绝这种情况的发生，就要给自己制定一个行动计划：在某一个时间段专攻一件事，这样会更有效率。

- 制定一个清晰的目标

上面提到，在一段时间内专攻一件事，此时你要明确：这一段时间，你需要完成多少任务？有没有一个时限？要达到什么样的程度？有目标的话，会更有动力，也会在逐渐靠近目标时，增加成就感。

- 确保专注时间无干扰

无论用什么样的方法，确保自己在专注的工作时间内不受干扰，让周围人避开这段时间联系你。如若无法保证能在现有的工作环境中不被打扰，那可换一个地方来完成这个时间段的任务。如非必要，断开网络、关闭社交软件，是一个很好的选择。没有干扰，才能减少分心，更容易钻进工作中。

任何的成功都离不开强大的自制力。把有限的时间、精力和资源都聚焦到工作上，聚精会神、心无旁骛，排除一切杂念和杂事的干扰，仅这一个习惯的改变，有时就足以改变一生。

精准落实：解决问题见成效

或许，你一直以为你睁开着双眼，
但是你其实一直在昏睡。

第五章
沟通为桥：上下畅通，战力大增

第五章　沟通为桥：上下畅通，战力大增

让步不是失败

有人的地方就会有摩擦，有摩擦就会产生矛盾，矛盾往往让我们的工作无法正常完成。身在职场，如何避免摩擦、化解矛盾，是每个职场人必备的一种能力。若是不懂得如何处理人际关系，就会出现下面的情况。

员工张某到隔壁的办公室里借用电话，进去后发现桌子上有两部电话机，就问旁边的同事："哪个是内线？"同事坐在电脑前，没有理会。张某以为她没听见，就用手指戳了她一下，说："问你呢？"其实，张某的语气并不是气势汹汹的那种，毕竟大家年龄相仿，平时说话就很随便。可没想到，同事竟然一下子站起来，瞪着眼睛就开始破口大骂，说的话不堪入耳。张某当时就愣住了。张某不理她，开始打电话，可那位同事不知是遇到了什么事，情绪失控了，还在不停地骂，说张某就不该来，旁边的两个同事劝阻也没用。

打完电话的张某见同事不依不饶，脾气也上来了。她二话没说，直接跟同事动起手来。一时间,办公室里的变得乱哄哄的,惊动了整个公司。最后,张某和同事都遭到了经理的训责,并宣布两人均被取消了参加内部晋升的资格。

其实,个人的职业发展遭到阻碍,问题并不完全出在工作能力上,更多是出在了人际关系上。与同事、领导之间出现了小摩擦,因处理不当导致人际关系紧张,使得许多职场人士感到心力交瘁,进而影响了工作效率和质量。

工作场合出现摩擦是很正常的事,关键是绝对不能以发脾气、斗气来解决。

身为普通人,我们都难以达到心不妄动、从不生气的境界,但我们至少可以努力做到在生气、焦躁的时候,暂时停下脚步、少说一句话。后退一步,不代表懦弱,而是冷静和理智,能够把情况分析得更透彻,从而做出正确的判断。在后退的同时,白热化的状态会逐渐冷却,有助于彻底解决问题,而不影响人际关系。

当你的同事表现出愤怒时,你不要以愤怒的姿态与之对峙。你可以坚持自己的意见,但一定向他表明,你希望彼此在冷静的状态下进行讨论。同时,你也要询问他生气的原因,如果对方拒绝回答,不必强求;如果他说出不满,你要耐心倾听,但不要妄下断语或是提供解决办法。相信我,当你和颜悦色地与之说话,稍微有点修养的人都会为自己的失态感到羞愧,给他一点儿时间,他就会恢复冷静。

当你的同事表现得很冷漠,不愿与你合作时,你不妨用友善的态度表示你想协助他的意愿。若是对方因家庭、情感等私人因素影响到工作，可建议他找朋友聊聊天，或是请两天假休息调整一下。

总之，工作和生活总需要一点点妥协，向领导让步、向同事让步、向下属让步、向家人让步、向对手让步，都是不可避免的，也是处理人际关系不可或缺的手段。还是那句话，你做出了让步，不代表你是失败者。相反，你的让步带给你的是和谐的人际关系、融洽的情感，比起逞一时之能、争一时之气，你是更大的胜利者。

最后提醒大家，想要生活和事业顺顺当当，永远要记住这句话："人对了，世界就对了。"

单打独斗已是过眼云烟

雷锋说过，一滴水只有放进大海里才永远不会干涸，一个人只有当他把自己和集体事业融合在一起的时候才能最有力量。在如今的职场中，很难单靠个人的力量将重要的工作完成，分工协作是高效完成工作的根本保证，也是基本的趋势。团队合作能力成为职场的基本能力之一。

什么是"独行侠"？就是希望在团队中，扮演特立独行的人物，靠着自己的力量去做出一番事业，让别人都成为自己的陪衬。这样的想法，用在艺术领域，那定然能够做出点别出心裁的东西，可用在职场上，却是一个绝对的硬伤。

任何一家公司的运转，靠的都是团队的协作，没有哪个公司是仅

精准落实：解决问题见成效

靠一个人撑起来的。且对个人来说，想要充分发挥自己的才能，实现最大的价值，也要积极地融入团队。靠一己之力闯天下，不懂得、不屑于跟身边的人合作，往往只能取得阶段性的成功，很难有长久的发展。这就是我们常说的，一滴水想要不干涸，唯一的办法就是融入江海中。

赵某是一家公司的商务人员，工作能力很强，进入公司不久，就在一次商务谈判中，为公司签了一笔大单。这样的突出表现，让他深得老板的赏识。也许是年轻气盛，刚取得一点成绩就不禁生出了骄傲之心，他觉得自己很了不起，处处比其他人高一等。他在工作中开始变得"独"起来，不愿意跟其他同事沟通、交流，即便是说话，也摆出一副高高在上、目中无人的样子，仿佛别人都是在跟他讨教经验。

他的这种态度，很快就招来了同事的不满和厌烦。谁也不愿意看他的脸色和颐指气使的样子，纷纷疏离他，将其排斥在团队之外，有什么事情也不愿意跟他合作。赵某也发现了同事的变化，但依旧我行我素。

自那以后，赵某的工作开始处处受阻。原来有同事帮忙协助，他不觉得工作有什么难度，而今，没有任何人再给他帮忙了，凡事都得自己来，明显感觉精力不足、考虑不周。结果，在一次办理业务的过程中，他出现了一个大的疏漏，导致公司损失了十几万元。这件事情让他无颜继续在公司待下去，只好主动跟老板承认错误，悻悻地离开。

像赵某一样孤傲的人，职场上并不少见，他们的结局大都一样，就是被团队所抛弃。卡耐基说过，一个人的成功，个人技能只占15%，人际关系的成分占85%。如果不融入团队，即便有再多的才华，也难以展示出来。在这方面，苹果创始人乔布斯的经历，就是一个最好的证明。

乔布斯的才华是有目共睹的，他22岁开始创业，仅用了四年的时间，就把苹果打造成了一个颇具竞争力的大企业。同时，他自己也成了拥有2亿美元资产的富豪。不少媒体将乔布斯誉为创业奇才，然而就是这位奇才，不久后却被自己亲手创办的公司赶了出去。

当时，乔布斯年轻气盛，管理风格以"火爆"著称。在公司里，他总是拿出一副高高在上的架子，对下属不屑一顾。大家都很畏惧他，生怕哪儿做得不好惹怒了他，就连乘坐电梯都不愿意跟他一起。最后，乔布斯的合伙人斯卡利也发飙了，对乔布斯的跋扈姿态忍无可忍，外加两人在公司的发展策略上看法不一，矛盾不断加深。最后，斯卡利公然宣称：苹果如果有乔布斯在，我就没有办法继续干下去。

两人的矛盾到了不可调和的地步，公司董事会只好决定二选其一。结果，乔布斯被削了实权，而斯卡利得到了更多的管理权，因为他与员工相处得更好，能给大家带来积极的力量。这一年，乔布斯30岁。

多年后回忆起这段经历时，乔布斯说："我失去了贯穿在我整个成年生活的重心，打击是毁灭性的。"在离开苹果的几个月里，乔布斯很迷茫，不知道该做什么，甚至有逃离硅谷的打算。可经过了一段时间的反省和调整，他最终决定，还要回苹果，在哪儿摔倒在哪

精准落实：解决问题见成效

儿爬起来。

被苹果解雇看似是一件坏事，但也是成就了乔布斯的转折点。若没有那一次经历，他可能不会认真地审视自己，完善自己。历经了痛苦和挣扎后，乔布斯给自己重新定了位，他开启了人生最具创意的时期，建立了几家公司，其中一家后来也被苹果收购。

1996年，苹果公司重新雇佣乔布斯作为顾问。1997年9月，乔布斯重返苹果，担任CEO。此时，他的性情和从前大不一样了，变得圆融了，温和了。即使因为企业改组要解雇一些员工，他也显得很谨慎。原来人见人躲的"瘟神"，变成了一个有血有肉的管理者。这样的转变，也让他在事业上获得了更大的成功，并得到更多人的拥戴。

任何人的成功都离不开团队中其他人的配合与支持，无论他多有才华，职位多高，完全脱离他人的协助去奋斗，是很难成功的。在团队中，实现个人的"以一当十"并不难，真正难的是实现团队中的"以十当一"，前者只需要发挥一个人的潜力就够了，而后者却要最大限度地发挥十个人的潜力，让大家的力量拧成一股绳。

团队合作是不能有私心的，都得秉承着一份责任心和一份奉献的精神。成功不是压倒别人，而是追求各方面都有利的一面，经由合作共赢。就像阿瑟·卡维特·罗伯特所言："任何优异成绩都是通过一场相互配合的接力赛取得的，而不是一个简单的竞争过程。"

为了团队的利益，为了自己和同事的利益，我们当摒弃做"独行侠"的念头，时刻牢记把合作发挥到最大限度，团队成功了，个人也就成功了。

人际管理的四个原则

团队合作成为应对挑战的不二方案。我们在享受团队合作带来的高效的同时，与人的沟通也越来越多，人际关系更加复杂，对我们的人际管理提出了更高的要求。我们想与周围的同事搞好关系，在很多细节方面都需要注意。这些细节数不胜数，大体来说，有四个原则是必须遵从的，这可谓一切行为的准则。

- 第一个原则：不要用自己的思想去衡量别人的行为

在工作和生活中，我们难免会碰到一些所谓的"奇葩"同事，他们的某些行为令人难以理解。这个时候，我们很容易用自己的想法去猜测别人的行为背后到底有什么用意。实际上，这是非常不明智的。

设计部的中层管理者S，接到了产品部中层Q递过来的一项任务。说是任务，其实只有一张图片，除此之外再无其他。S想了半天，也不明白这到底是什么意思。于是，他特意打电话问Q："什么意思？"

听到这四个字，Q愣了一下，回应道："你什么意思？"

S解释说："你发一张图片过来，有什么要求？"

Q没好气地说："你是做设计的，难道就没有一点自己的思路吗？那要你做什么？"

S瞬间怒火中烧，说话也开始变得难听起来，两个人在电话里大吵了一架。

事后，S还是怒气难消，他心里暗自想："这个人为什么要为难我？难道是对我有意见？"他越想越不对，越想越觉得对方是个"奇葩"。自那之后，他看到Q就烦，本来应该通力合作的两个人，几乎到了水火不容的地步。

看到这里，你一定也很想知道：事情的真相，到底是怎么回事呢？

很简单，在那位产品部的中层Q的老家，"什么意思"是一句挑衅意味非常浓的话。所以，当他接起电话听到设计部中层S直接问自己"什么意思"的时候，瞬间就不高兴了，因而用词比较尖锐，最终导致了两个人发生口角。

在这件事情中，两人都犯了同一个错误，就是用自己的思想去衡量别人的行为。Q觉得"什么意思"是一句挑衅的话，但他却全然没有想过：也许在别人的文化习惯里，这句话仅仅就是字面意思。S认为，对方对自己出言不逊，一定是有更深层次的原因，但他也没有意识到，其实是自己的某句话触碰到了对方的"逆鳞"，才让一件小事演变成了两个人旷日持久的矛盾。

在与人相处时，要明白，虽然我们经常讲要尽量理解别人，但实际上我们永远不可能完全了解一个人。对方的某些想法、文化背景、过往经历，都和我们有差异，所以不能用自己的思想去猜测别人的行为。与其猜测，倒不如有什么想法直接说出来更好。

在工作中，我们一定要明确"群己权界"，意思就是：不要认为别人的想法和自己差不多，别人的处境和自己差不多，这是非常危险的想法。

比如，我们可能会听到这样的话："什么？你居然没看过这本书？那么经典你都没看过？"人家就是没有看过，或者想看还没来得及看，这又有什么关系呢？你觉得理所当然的事情，可在别人这里不一定是，你对他说这样的话，除了引起反感，没有其他作用。

• 第二个原则：不要用纯粹的理性击垮人与人的感性交往

一些人为了强调自己的"职业形象"，在工作交往中往往以一种纯粹的理性状态出现——这是你的职责，我不插手；这是我的领域，你别来染指。实际上，这种纯粹的理性，在大部分工作场合中都会显得有点"不合时宜"。

某领导发现，自己的下属办事效率很低，尤其是涉及需要合作的任务，下属之间几乎没有合作的意愿。而随着公司越做越大，需要合作的地方越来越多，效率却也日益低下。领导思前想后，最后找到了问题的根源。

造成这种问题的主要原因是，他的下属们都太"理性"了。在公司创办之初，由于业务比较简单，下属之间的合作比较少，他总是强调"各司其职""专业的人就应该做专业的事"等价值观。现在，随着业务扩大，需要合作的领域越来越多，但下属们依旧坚持以往的价值观，完全没有意识到合作的重要性。

怎么办呢？领导去请教一位朋友，问道："我是不是应该制定一些关于合作的制度？强迫下属加强合作。"朋友说道："没那么麻烦，你在接下来一段时间里多组织一些联谊活动，问题可能就解决了。"

听了朋友的话，这位领导时不时地组织一些跨部门的小活动，小到中午喝杯咖啡，大到晚上吃顿大餐、唱歌，甚至周末两日游。过了一段时间，领导惊讶地发现，公司里的合作氛围变得浓厚起来了。

为什么会出现这样的转变？其实，就是因为同事之间除了理性的交往之外，多了一些感性的接触。我们要明白，工作中"水至清则无鱼"，大家都是有血有肉的人，不能每天以一副面孔对人，在交往中多一些生动的东西，人际关系处理起来会简单很多。

- 第三个原则：尊重自己的感受

我们时常强调，要有大局意识，讲究高瞻远瞩。这固然没有错，但有些时候，个别人会走极端，过分顾全大局，凡事总往全局想，忘了自己的内心同样也需要得到关注与尊重。

工作和生活中，偶尔是需要委曲求全的，但也一定要记得有限度。如果一个人总是以"受气包"的形象出现，只会助长"歪心思"之人的嚣张气焰，着实委屈了好人，便宜了坏人。而且，如果你在与同事的交往中太过退让，也会影响自己团队的斗志。所以，我们虽不能做"斗鸡"，时时刻刻想挑事儿，但也不能做"鸵鸟"，遇到危险就把头埋进沙子里。

- 第四个原则：具有自省意识

在与同事的交往过程中，如果有些事情是你不能理解的，那么有可能是因为你被自己的情绪、性格所左右了。这时候，不妨站在一个旁观者的角度，去审视问题。不仅要站在旁观者的角度看对方，也要站在旁观者的角度看自己。认真地想一想：我当时究竟是出于什么想法，才说出了那句话？是一时的冲动，还是心里有一些被压抑许久的潜意识在引导我？

工作中，我们一定要有这种自省的意识，让自己"置身事外"，更好地理解局中人的心态和目的。正所谓，旁观者清。如果没有一个真正的旁观者指点迷津的话，我们不妨让自己去扮演这个旁观者。

以上，就是人际管理的四个原则。掌握了这四个原则，无论遇到什么样的人际障碍，都可以结合其中的内容去反思，找到相应的解决策略。

尊人者，人尊之

人的心理是很微妙的，时刻渴望受到别人的尊重，却总忘记别人也有同样的需求。

以尖刻的幽默著称的爱尔兰作家萧伯纳，在访问苏联期间与一个可爱的小姑娘玩耍了半天。临别时，他对小姑娘说："回家告诉你妈妈，今天和你一起玩的是世界著名的文学大师萧伯纳。"小姑娘看了他一眼，学着他的口吻说："回去告诉你妈妈，今天和你玩的是苏联美丽的小姑娘喀秋莎。"这番话，让萧伯纳顿时哑口无言。后来，萧伯纳把这件事作为教训铭记于心，并发誓要时刻尊重他人。

人与人之间的交往，应该建立在平等与尊重的基础上。尤其是同事之间相处，这种以工作为纽带的关系不同于亲情，如不注意分寸，一旦失和，不仅伤害感情，还会影响到工作的状态，乃至整个团队的效率。

精准落实：解决问题见成效

1960年当选牛津大学校长的英国前首相哈罗德·麦克米伦，曾提出过人际交往的四点建议：（1）尽量让别人正确；（2）选择"仁厚"而非"正确"；（3）把批评转变为容忍和尊重；（4）避免吹毛求疵。可以说，这些建议都是围绕着"尊重"提出来的。

那么，具体到工作中，如何来体现对同事的尊重呢？

- 礼节是最基本的尊重

没有谁会喜欢一个见面耷拉着脸、冷若冰霜的同事，在同一家公司做事，即便彼此已经很熟悉了，见面时依然要热情地打招呼，以显示对他人的尊重。千万不要摆出一副高高在上的样子，总是等着别人先开口。

- 尊重同事的独立人格

每个人的出生、经历、社会贡献都不同，可在人格上却都是平等的。与同事相处，要尊重他人独立的人格，不能乱起绰号、拿别人的事情当笑料、取笑挖苦他人，这些都是没有素质的体现。一个低素质的人，如何有资格成为公司的中层或高层？别忘了，在老板眼里，素质与能力同样重要。

如果某位同事跟你关系较好，将自己的隐私告诉你，那说明他对你足够信任，你要做的就是，自觉为他保守秘密。如果他在别人口中听到了自己的秘密被公开曝光，肯定会认为是你"出卖"了他，这会严重影响彼此间的关系。与此同时，也会让其他同事对你产生怀疑和否定，不敢与你推心置腹，即便是工作上的事，对你的信任度也会大大降低。

- 尊重同事的工作成果

L和W是同事，L尽职尽责、表现良好，深受老板器重；W不善交际，与同事的关系一直比较紧张，看到老板对L的赏识，心里很不平衡。在一次讨论会上，L刚刚说完自己的设想，请大家发表意见，W就阴阳怪气地说："L花了这么长时间收集资料，一定挺辛苦的，可我觉得没什么实用价值。"

如果你是L，冥思苦想了许久，最后拿出来一个自认为比较满意的方案，结果被同事一句话就给否定了，你会不会觉得自尊心很受伤？己所不欲，勿施于人。

每个人的工作成果都凝结了心血和精力，当别人展示自己的成果时，不要马上予以否定。就算有不同的意见，也要用他人容易接受的方式提出来，还要注意对事不对人。

- 做错了事要及时道歉

唇齿相依，难免磕磕碰碰。同事每天在一起工作，一定会有分歧和摩擦，若真发生了矛盾，切忌斤斤计较，闹得沸沸扬扬。没有哪个老板想看见员工在上班期间吵闹，更何况，如果你总是这样处理问题，老板也会认为你不懂得控制情绪、不善于处理矛盾、不懂得宽容与谅解，难当大任。明智的做法是，是你的错就主动道歉，求得谅解；不是你的错，尽量做到对事不对人，不牵扯个人感情，不耿耿于怀。

- 不要乱对同事发脾气

办公室是工作的地方，每个人都是老板聘来的人才，没有谁比谁卑微，谁比谁高贵。不要把自己的私人情绪带到办公室，也不要对任何人颐指气使、乱发脾气，这是一种无能的表现，也是一种没有修养的表现，你的吼声越大，在同事和老板心中的地位越低。

尊人者，人尊之。身在职场，你若能够做到一视同仁、不卑不亢、不仰不俯地对待周围的每个人，用平等的心态、平常的心情、平静的心境去看待职场百态，那么你收获的不仅是他人的尊重，还有老板的赏识以及成就大事的素养和能力。

不做职场"孤岛"

没有人是一座孤岛，在职场中更是如此。许多在大公司上班的人都有过类似的感触，公司的部门多、人员杂，不同的人有不同的表达习惯，自认为很普通的一句话，却被别人说成"潜台词"；明明在做一件好事，却被人辜负了好心，这些误会着实让人头疼。

一天，天气闷热，为了给客户送资料，刘某倒了好几次车，来回用了四个小时。临近中午才到办公室，匆匆吃了几口饭后，他想趴在桌子上休息会儿。可是，邻桌的同事似乎并没有休息的打算，尽管周围的多数同事都在安静地午休，他却熟视无睹，依然我行我素地在那里敲打着键盘。

听着啪啪作响的声音，加之身体的疲惫，他真的想让邻桌的同事安静点儿。勉强起了身，走到同事面前，想提醒一下他还有20分钟就上班了，能不能暂时歇会儿。可看到对方的电脑屏幕上出现的竟是游戏的画面，他心里的火气一下子就蹿了出来，二话不说就掀翻了同事的键盘，指责他没有素质。对方愣了一下，回过神来就跟他嚷嚷起来，结果吵得大家都没休息好，还得过去帮他们劝和。

事后，他觉得自己没有错，是邻桌的同事太没有公德心，大家都在午休，他却玩游戏吵人，有什么可说的呢？可是后来，他从其他人口中得知，那位同事本身不是一个游戏迷，那天他只是在帮朋友测试其新开发的一款游戏软件，没想到太投入，忘记了时间，打扰了同事们的午休。得知了事实，他联想到自己动粗的样子，觉得很不应该，当时只顾着指责对方没素质，回头想想自己的所作所为，才真的是没素质、没内涵啊！

类似这样的事，几乎每个公司里都出现过，事情的起因大都是一些简单的小事。就像刘某，本来不是有意找同事的麻烦，却因为误会和错误的沟通，闹得尴尬收场，与同事一直处于冷战的状态，同事懒得跟他解释，他也不好意思去讲和，这种情况该怎么处理比较合适呢？

相信，这个问题也是许多职场人想知道的。工作中有误会不可怕，怕的是发生误会后，不能及时地消除，导致误会越来越深，给彼此带来烦恼和痛苦；同时，还会影响到公司的凝聚力，造成内耗。对于处理同事之间的误会，以下建议可以参考：

如果你和同事之间发生了一些小误会，最简便直接的办法就是，找到误解你的人，推心置腹地交流沟通，切不要搁置在心里，犹豫顾忌。你可以借助一次约会、一次公关活动、一个电话互诉衷肠，以心换心，把彼此间的疙瘩解开。如果不好意思当面说，也可以用邮件和短信的方式阐明自己，得到他人的谅解，化干戈为玉帛。

如果彼此间的误会太深，已导致关系十分尴尬时，不妨通过间接的方式，让误解者亲近的、信得过的人，作为桥梁和媒体，把你的心意通过他传导给对方。待这种传达疏导到一定时机，你们就能够发展到直接解释交流了。

当然，这些都是误会发生之后的补救措施，而真正理想的做法是：防患于未然！平日做好职场沟通，掌握沟通技巧，尽可能地避免误会的发生。

- 就事论事

与同事在工作中发生了分歧，一定要把它当成"我们与问题"之间的事，切不可把问题当成"我跟你"之间的事。这种态度不仅专业，也符合公司的最大利益。许多问题一旦跟人扯上关系，反倒不好解决了。这就好比，你对同事说"你怎么老犯这样的错误"时，原本简单的问题，就变成了复杂的人际冲突了。要是换一种说法："处理这种情况最好是……"，这就把事情的矛头指向了问题，不会让同事感到难堪。

- 耐心倾听

当同事发表观点时，对听到的话要予以反馈。如果对方认为你明白了他的意思，就会避免很多误会。即便是有不同意的地方，在解释你的立场之前，也要先把对方讲的话条理化，然后压缩成一两句话，回答的时候这样说："刚才你说的……我也比较认同，但在某某问题上，我觉得……也是一个不错的方案。"这样的话，就不会让他觉得，你是在反驳他的意见。

- 别找领导

同事之间遇到什么分歧，如果不是非要走领导那一关的程序，最好自行解决。切不可有点委屈就去找领导，让领导出面解决。要知道，一旦你把领导拖入到冲突中，他不仅会质疑你的工作能力，还会质疑你的品行。久而久之，你不仅会丧失独立处理问题的能力，还会成为公司里的边缘人物。

职场不是战场，同事也不是敌人，而是协作的伙伴。平时宽容大度一些，说话做事考虑一下别人的感受，发生误会后及时地沟通，不要锱铢必较，耿耿于怀。在小小的人际关系圈内受不得丝毫委屈的人，注定是形孤影单的，难赢得他人心。

团队合作这样做

很多情况下，要把一件工作落实到位，光靠一个人的努力是不够的，还需要团队的配合，因为我们面对的问题、需要应对的挑战往往具有长期性、复杂性、艰巨性。即所谓的合作，它是提高工作效率最有效的手段，也是现代企业发展与员工落实工作的必要途径。

参与我国第一颗原子弹设计的科学家周光召，曾在爆炸试验成功后，得到外界的深厚赞誉。对此，他这样回应："科学的事业是集体的事业，制造原子弹，好比写一篇惊心动魄的文章。这文章，是工人、解放军战士、工程和科学技术人员不下十万人谱写出来的！我只不过是十万分之一而已。"

这些为国家做出巨大贡献的科技工作者，他们从来没有把科研当成是标榜自我能力的平台，而是将其视为一份为国为民的大事业；他们从来没有想过要通过某一项科研成果，去给自己换取怎样的荣耀，而是把成功归功于团队。

事实上，科学也的确不是一个人的事业，而是一群人的事业；科研成功不可能单凭一己之力创造，而是一个精干团队集思广益、携手攻克万难，最终换来的成就。再延伸开来讲，总想"逞个人英雄"的观念和行为，在任何一个领域都是行不通的。一个项目的成功、一个组织的壮大，更多的是依靠团队的力量。当个人利益与团队利益发生冲突时，一切要以大局为重，而不是逞个人英雄主义。如果无视他人的配合协作，一味地追求自我，瞧不起任何人，不仅会影响人际关系，还会导致团队士气的下降，甚至分崩离析。

现代社会不是单枪匹马的时代，小的成功可以靠个人，大的成功一定要靠团队。毕竟，一个人的能力再强，他的力量也是有限的，一旦把各种有效的力量聚集在一起取长补短，就能创造出奇迹，并为每个人带来更多的机会。

尺有所短，寸有所长。随着社会经济的发展，社会分工也越来越精细，每个人都不可能成为百科全书式的人物，必须借助他人的智慧来完成自己人生的超越，因此，合作才有利于"共赢"。

我们生活在一个合作的时代，合作已成为人类生存的手段。个人英雄主义的时代已经成为过去，一个人如果只知道自己工作，平常独来独往，在当今时代想要获得成功是一件很难的事。因此，要想很好地落实工作，成员间的团结合作才是最重要的。团结合作，能够使我们从别人那里学到更多对自己有用的东西，让自己得到更快的提升。在团队合作中，我们应该做到以下几点：

○善于交流

解决问题时，同伴之间肯定会存在某些差别，如知识、能力、经历等，从而在对待和处理工作时会产生不同的意见。这时就需要协调。交流是协调的开始，要把自己的想法说出来，还要倾听对方的想法，你要经常说这样一句话："你看这事怎么办？我想听听你的想法。"

○积极乐观

当遇上非常麻烦的事时要乐观面对，你要对你的同伴说："我们是最优秀的，任何困难都难不倒我们，我们会成功的。"

○创造能力

谁都知道一加一等于二，但你应该让它大于二。培养自己的创造能力，不要只安于现状，试着发掘自己的潜力。一个表现突出的人，除了能保持与人合作以外，还需要有人愿意与你合作。

○接受批评

把同事和伙伴当成你的朋友，坦然接受别人的批评。如果受到他人的批评就委屈怨恨、反目成仇，那么谁都会对你敬而远之。

○平等友善

即使你觉得自己无论在哪个方面都很优秀，对于眼前的工作，即便你觉得自己完全有能力一个人解决，也不要显得太过张狂。要知道今天能独立完成工作，不代表以后也能独自完成一切。所以还是要友善一些，平等地对待他人为好。

宽容是一种力量

宽容，是一种修养，更是一种力量。

在开往费城的火车上，中途有一个女人上了车，她径直走进一节车厢，并选了一个位置坐下。这时，她对面的一位男士点燃香烟，深深地吸了几口。女人闻着烟味就难受，眉头紧锁，故意咳嗽了几声，试图提醒男士掐灭香烟。那位男士似乎并没有留意到她的举动，依旧若无其事地吸着。

女人抑制不住情绪，生气地说道："先生，您是外地人吧？这列火车有专门的吸烟室，这里是不允许吸烟的。"听到女人这样说，男士微笑着表达歉意，掐灭了手中的烟。

一会儿，几个穿制服的男人来到女人身边，对她说："女士，不好意思，你走错车厢了。这里是格兰特将军的私人车厢，请你马上离开。"

女人顿时惊住了，原来坐在她对面的就是赫赫有名的格兰特将军，她很害怕，担心自己刚刚的言行会遭到斥责。但是，格兰特将军并未露出一丝责备之意，他的脸上依旧挂着淡淡的笑容，和蔼地对下属说："没事儿，就让这位女士坐在这里吧。"

格兰特将军的宽容赢得了女人的尊重，他的仁德更是为人们广泛传颂。凭借着这份宽容，他征服了手下的士兵，让军队凝聚了战斗力，攻无不克，化险为夷。

工作的实质是解决问题，而在解决问题的过程中，难免会与同事、客户、上司、下属发生摩擦，产生各种误解、纠纷，若是处理不善，就会使矛盾升级，让自己处于被动不利的局面，给工作的氛围和心情都蒙上一层阴影。

很多人在工作中遇到过这样的情况：和同事一起合作，明明是他的失误致使工作进度受阻，或是给公司造成损失，可领导却把矛头指向了你，狠狠地批了你一通。若真如此，你心里会怎么想？

有些年轻气盛的员工坦言："我肯定是不服的，凭什么要让我背黑锅，又不是我的错！"性格稍温和点儿的员工说："碍于面子，可能不会说出来，但下次肯定不会再跟那个同事一起合作了。"只有极少数的员工说："谁也不想犯错，可工作中的事情很难说，互相理解一点，避免再犯，也就得了。"

这样看起来，似乎最后一种说法显得很"软弱"，可我要说，这才是真正明智的做法。

你应当明白，领导批评你自然是有原因的，而同事的工作也必然与你有关，所以在遭受批评时应当审视一下自己的行为，不要总想着不公平。审视过后，无论自身有无过错，你都要先向领导承认错误，并跟领导一起分析实际情况，告诉他你的解决方案，以及今后要注意什么。如果义正词严地说都是同事的错，跟你无关，那么就算真的与你无关，领导也会认为你是一个没有担当、习惯推卸责任的人。

实际上，当你心平气和地跟老板讲清楚事情的原委，并分析出失误的原因，他自然也就知道究竟是谁的过错了。你的坦诚和虚心接受，不会让老板觉得下不来台，他在心里也会加深对你的好感。

顺利通过老板这一关，接下来要面对的，自然就是工作中出现失误，且害得你遭受批评的那位同事了。是把在老板那里受的一肚子的委屈原原本本地还给他，还是就像某些员工所说，表面不动声色，但把这件事记在心里，今后再不与之合作了？

其实，这都不是明智的做法。我们不妨换位思考一下：假如是你连累了其他同事，让他人替你遭受批评，你心里是不是会有歉疚感？如果同事在遭受批评后，狠狠地指责埋怨你，你又会是什么感觉？当同事表面若无其事，可在后来的工作中对你冷冷淡淡，刻意保持距离，你又会做何感想？

金无足赤，人无完人。在工作中，谁都可能会犯错，会陷入尴尬的境地。你若希望自己在犯错时能得到同事的理解和原谅，那你应当持一颗宽容之心对待他们。对同事的过错耿耿于怀、吵来吵去、冷漠寡言、陷入冷战、打击报复，不仅影响自己的心情，也会影响整个团队的协作。也许，在你看来这是所谓的"个人恩怨"，可在老板心里，认可的却是"全国上下一盘棋"，不能团结同事、破坏集体利益的员工，就等于站在了公司的对立面。

在怨怼与宽容之间，如果你选择的是后者，那么无意中伤害到你的同事，在感受到你的宽容后，必当将这份善意铭记于心，对你心怀

第五章 沟通为桥：上下畅通，战力大增

感激，在你需要帮助的时候尽力帮助你。在这种氛围下，你也更容易与身边的同事和谐融洽地相处，毕竟"群众的眼睛是雪亮的"，看到你有如此胸襟，其他人也会认为你值得信赖。

很多时候，指手画脚、喋喋不休地埋怨，反倒会激起他人的逆反心理，导致事情朝着你不希望的方向发展。若是从对方的立场出发，给别人搭建好下的台阶，那么你也会更容易达到自己的目的。正所谓，一句宽容的话，胜过千万句的指责。

中村是日本德川幕府第三代将军德川家光的大臣，生性温和、思虑缜密，非常懂得为人处世之道。当时，德川家族中有一位名叫德川秀息的将军，他非常讨厌别人抽烟，在军中下了一道命令：士兵抽烟，一律斩首。

有一天晚上，几个负责守卫城门的士兵在站岗时，躲在阴暗处每人点了一根烟。恰好这一天中村闲来无事，出来巡视岗哨。当士兵们发现中村时，已经来不及掐灭烟头了，他们一个个惊恐不安，心想：这下可完了，一定会被斩首的。

这时候，中村若无其事地走上前去，先问了一下守卫的情况，然后说道："拿出你们刚才抽的烟，让我也抽一口。"士兵们很害怕，不知中村到底想做什么，在疑惑和忐忑中，乖乖地拿出了香烟，递给中村。

中村接过来，津津有味地抽了几口，然后又把香烟还给了他们。士兵疑惑之际，只听中村说了一句"没想到烟这么可口，谢谢"，说罢，就转身走了。刚走了几步，他又转回来补充了一句："今天的事，我也

有份，希望今后再也不会有这种事情发生。要知道，你们的将军可是最讨厌抽烟的。"据说，自此之后，士兵们抽烟的风气居然完全消失了。

　　给别人留余地，事实上也是给自己留余地。给人一个台阶，往往会赢得友谊，得到信赖。不让别人为难，就是不让自己为难，让人三分、留有余地其实是在给自己搭建上升的台阶。宽容同事的过错吧，你会赢得感激和友善的回报，与大家融洽地相处共事，成为团队里潇洒的一员，也让他人感受到你高尚的品格和修养。

　　公司如同一个大家庭，各个成员之间的生活经历、文化背景、兴趣爱好、脾气性格都有差异，长期在一起共事，难免会有摩擦，可能是工作意见上的分歧，也可能是沟通上的误解。对于这些不可避免的问题，一定要从团结出发，多点理解，多点包容。

　　就像印度诗人泰戈尔说的那样："越是有人责备我，我就越坚强；越是面对刻薄的人，我就越懂得宽容。"

最是亲和能致远

　　哈佛商学院的蒂奇亚纳·卡罗夏和杜克大学的索萨·洛沃在对多种职场关系进行分析后总结道："大多数人宁愿与讨人喜欢的傻瓜一起工作，也不想和有本事的讨厌鬼共事。"

　　这说明什么？没有亲和力，就很难在职场上有立足之地！我想，大家在生活中可能都有过这样的经历和感受：去应聘销售、公关或是行政等职位时，招聘者在考虑本职工作的能力之外，通常都会提到亲和力，甚至还会借助一些考题来测试应聘者是否具备这方面的能力。

工作有30%是处理事情，剩余的70%都是在与人沟通协作。在这一系列的过程中，没有什么比亲和的态度更重要了。有亲和力的员工，很容易让同事、老板、客户产生亲近感，消除人与人之间的隔膜，拉近彼此的距离。

某单位的招生计划跑了很长时间都没批下来，几位同事公关回来都是愁眉苦脸，抱怨计划处的门难进，脸难看，事难办。可工作再难也总得有人去做，处长决定，让新来的田秘书去试试。

田秘书是机灵的女孩，性格活泼，从来到单位那天起就一直是一张甜甜的笑脸，逢人三分笑，她留给大家印象很不错。果然，田秘书出去了3个小时，回来就把批复交给了处长。

处长拿着批文，合不拢嘴，不停地夸奖说："还是小田有能力啊！"同事们纷纷围上来，问田秘书用了什么绝招。田秘书笑呵呵地说："哪儿有什么绝招啊！要说招数，那就是没人会拒绝一张具有亲和力的笑脸。"

处长听到他们的议论，也忍不住说话了："老话常说，伸手不打笑脸人。不管是性格冷漠的人，还是心情不好的人，看着一张笑脸，也会被感染。心情好了，话匣子就打开了，事情也就好办了。"

亲和力，是一种不受职位、权威等约束而真挚流露出的一种情感力量，也是一种为人处世的软实力。从心理学上来说，人都有害怕被拒绝的天性，如果一个人总是面带笑意，和和气气，就会带给别人安全感，使人的心理压力变小，人们就会愿意与之接触。需要注意的是，亲和力不是嘴上的花言巧语，虚情假意的表演只会招来反感和唾弃，亲和的本质是友善与真诚，你发自内心地替人着想，令人感受到亲情般的温暖，自然就能博得人心。

在人际关系微妙的职场里，缺乏亲和力和周围人的支持，即便个人能力很强，也会埋没在人群中。这样的人，是很难在职场中有所建树的。如果你想深受同事和领导的欢迎，在工作中如鱼得水，那就一定要有效地利用心理学上的"自己人效应"。记住：亲和力不仅是一种魅力，更是一种实力！

在激烈的职场竞争中胜出，绝非易事，但还有比这更难的，就是能在想要的位置上牢牢地坐稳。我在工作中见过许多这样的事例：有些员工靠着出色的工作能力顺利坐到了中层领导的位子，心里不免产生了优越感，摆出一副高高在上的架子，借助职务的权力对下属指指点点，说话做事透着一股子傲慢。结果，个人的行事作风直接影响了下属的士气，整个团队的业绩都开始下降，个人的工作能力遭到质疑，最后不是主动离职就是被动降职。

日本的松下幸之助先生就是一位很有亲和力的领导者，他经常走到员工中间去，亲切地跟他们聊天，了解他们对工作的想法，在生活上有什么困难，还时不时地鼓励他们，完全没有高高在上的架子。

有一次，松下幸之助独自外出旅行，但没过多久就回来了。员工们都很奇怪，有人就去追问原因。松下幸之助略带失望地说："你们都不在，我一个人去玩也没意思。"紧接着，他就安排几名工人在工厂中央摆了一个大玻璃箱，里面放了一只巨大的短吻鳄。看到这样的景象，员工们都惊呆了！

松下幸之助笑着问大家："怎么样？这个家伙好玩吧？"当时，如此巨大的短吻鳄是很罕见的。员工们在惊愕之余，都觉得新鲜刺激，现场的气氛非常热烈。接着，松下幸之助说："我的旅行虽然很短暂，但却是我最难忘的记忆。现在，我把它买回来，是希望你们能够跟我一起分享快乐。"

员工们都很感动，这样的事情在公司里已经发生过很多次了，他们知道老板的这个举动不是逢场作戏。可以这样说，松下走到公司的哪个地方，哪个地方就谈笑风生，大家都很喜欢他的平易近人，而员工们也把公司当成自己的家，用认真和努力回报着老板的优待。

无论一个人的岗位和职务是什么，都有被人注意的强烈渴望。如果你想在工作中减少与同事、下属之间的摩擦，就要把自己看得小一些，把他人看得大一些；把责任看得重一些，把职位看得轻一些；把工作看得高一些，把地位看得低一些。如果这些你都做到了，你会是老板最青睐的优秀经理人，也会是员工心中最敬重的领导者。

精准落实：解决问题见成效

或许，解放了自己，
才能解放事物和它们之间的联系

第六章
效率为魂：高效是剑，无坚不摧

工作是一道排序题

某单位的职员A在办公室负责内勤,工作一年多后,始终觉得"不顺手",时常出岔子。上周四,A的工作计划上罗列着一天要做的任务清单:

1.做出下个季度的部门工作计划,第二天上交给上司。

2.约见一位重要的来访者。

3.11点半到机场接机,对方是5年未见的大学同学,接机后要将其送到酒店。

4.去一趟医院,开治疗过敏的药物。

5.到银行办理一些业务。

6.下班后与爱人一起吃饭,庆祝纪念日。

要做的事情就这些,但似乎从一开始就不太顺利。由于前一天睡得有些晚,A早晨起床迟了半小时,匆匆忙忙地打车到单位,可还是迟到了5分钟。一进办公室的门,就接到上司的电话,提醒他第二天必须交计划书。

精准落实：解决问题见成效

A打开电脑，上网查看自己的信箱，逐一回复邮件，不停地打电话答复下属部门的问询。最后一个电话结束时，已经11点了。她向上司请了一会儿假，匆忙地赶到机场，还好只迟了10分钟，想打电话告诉同学的时候，才发现对方早上登机前已发过来短信，说飞机晚点了。

12点钟见到同学，A送对方到酒店，一起吃了午饭。这顿饭吃得并不踏实，A心里想着14:50要见客户，所以一边吃饭一边跟客户约定地点。14:00的时候，A跟同学告别，赶到约定地点。由于花粉过敏，A在跟客户见面的时候不停地打喷嚏，只好连声道歉，弄得很尴尬。

回到单位，刚坐到工位上想写一下计划书，银行打电话来催。赶到银行时，突然被告知需要加一份文件，气急败坏的A跟银行工作人员理论了半天，又回到单位。办完了银行的业务后，距离下班只有1个小时了。A觉得很累，没有心思再写那份计划书，就先给同学打了一个电话，聊聊天释放情绪。整理完文件，A跟爱人去约会，一起吃晚饭庆祝纪念日，可是整个人的状态很不好，连连打哈欠。回到家后，爱人休息了，A泡了一杯浓浓的咖啡，坐在电脑前，赶着那份重要的计划书。

A的工作一直都处于这样的状态中，忙忙碌碌，火急火燎，却总是干不完活。A经常会跟家人朋友抱怨，说工作太辛苦，做内勤要处理很多的杂事。

其实，我们作为旁观者，很容易看出来，不是A的工作任务太麻烦，而是A做事太缺乏条理，不懂得方法。

想必大家都听过田忌赛马的故事，田忌胜出的关键不在于马匹，而在于排序方法。如果把这种方法用到工作中去，就可以最大限度地避免混乱的忙碌。以 A 为例，在面对任务清单的时候，其实可以换一种工作的方法。

1.前一天晚上睡前，把第二天要做的任务看一遍，做到心中有数，定好闹铃。

2.准时起床上班，先给各下属部门打电话，请他们把相关的材料通过电子邮件发过来，且告知上午有事不能接受询问，下午会给予答复，而后给客户打电话约定时间、地点，且将地点安排在同学预订酒店的咖啡厅里，再给机场打电话，确定航班到达时间。

3.给银行打电话，确认需要的相关手续和材料。

4.打完电话后，抓紧写工作计划，排除一切工作干扰，争取 11 点前交给上司。

5.中午 11 点前离开单位，拿上银行需要的一切资料。利用飞机晚点的半小时，到医院开花粉过敏症的药。从医院出来，到机场接机，和同学好好享受午餐时光，而后到旁边的咖啡店和客户谈事情。

6.到银行办完手续后，回单位将上午各下属部门的事务处理完毕。17:50，到洗手间补一下妆，准备下班约会吃晚餐。

同样的工作任务，换一种方式来做，就能把焦头烂额变成从容应对，还能给自己留出不少的休闲时间。所以说，工作时要依据任务的规律、性质和事务之间的联系进行科学排序，切忌胡子眉毛一把抓，用最快、最好的办法来安排进程，才能保证工作与生活兼顾。

精准落实：解决问题见成效

时间"空""闲"有别

时间就是生命，这句话我们每天重复无数遍，但是有多少人在无动于衷地浪费着几分几秒的时间呢？他们内心也渴望做点事情，但总是会说"时间不够用，等闲下来的时候再说吧"，事实上他们是把"空"的时间和"闲"的时间混淆了。

很多人都觉得，人与人之间的贫富差距、成就高低，都是因为环境、机遇、能力和性格等方面的差异导致的，可事实却像爱因斯坦说的那样："人的差异在于利用空闲时间。"

鲁迅先生从不浪费自己的时间，他说他是把别人喝咖啡的时间用在了写作上，所以他一生才能为我们留下600万字的作品。你在喝咖啡，他在车上打盹儿，别人在读书写作，一点点的差别，但是积累时间长了，结果大相径庭。

凡有成就的人，没有一个不把时间当成生命中最宝贵的东西，没有一个不为浪费时间而感到痛苦。生活中最让人难过的事情是，比你优秀的人比你更加知道时间的宝贵，比你更加努力。

火车上，有位年轻的小伙子，一直低头不停地写东西。坐在他旁边的中年男子，出于好奇凑上去看，发现他在给客户写短笺。中年男子说："小伙子，这两个小时我一直在你旁边看着，你一刻也没停，一直忙着给客户写信，你真是一个有心的业务员啊！"

小伙子抬起头，微笑着对中年男子说："是啊，如果不是出差在火车上，现在我应该在单位里上班，也应该在做这些事。"

中年男子对小伙子的敬业精神很佩服，也很感动，希望他能够成为自己的得力助手。于是，他说："我想聘请你到我部门里来做事，虽然我知道你的上司肯定会很重视你，但我可以提供你更高的薪资待遇。"中年男子用诚恳的目光看着年轻人，等待回复。年轻人笑了笑说："我就是老板。"

成功人士之所以成功，并不是偶然。很多成功的人对时间的利用达到了让人吃惊的地步。正如上面的这个小伙子，他能如此自觉地利用闲散时间，成为老板也自然是顺理成章的事。

艾米是一家公司的设计师，虽然工作任务不轻松，有时甚至许多设计方案都积压在一起，但艾米却从不慌张，都能从容应对。几年过去了，公司里的设计师来了一个又一个，但艾米却一直稳稳当当地占据着首席设计师的位置。

艾米说："有时候真的很忙，但不管多忙，我都会在忙碌的时候合理安排一下时间，随时待命，见缝插针。闲下来的时候，我也很少玩游戏，自己在网上学习，翻看一些设计类的书，看其他设计师的排版和效果，不断给自己补充新知识，不断充电。"

时间最不偏私，给任何人都是24小时；时间也最偏私，给任何人都不是24小时。因为时间是死的，我们的思维却在活跃着。每天8小时的工作时间，上网看视频的时间，完全可以用来收发邮件；中午和

精准落实：解决问题见成效

同事闲聊的时间，完全可以闭目休憩一会儿；路上等车、坐车的时间，完全可以用来听书……时间就像海绵里的水，只要愿意挤，总是会有的，只是看你是否知道利用。

　　从现在开始，盘活你的闲散时间吧！你会给自己创造不一样的未来。记住：生命是时间累积而成的，零碎时间也是生命的一部分，只要用心，任何时间都不会被浪费掉，积少成多就会让生命变得充实而厚重。

合作的本质就是借力

　　职场上判定一个人工作能力的强弱，不是看他的学历和经验，而是看他做事的方法。

　　有些人很聪明，但不一定会成功，比如他总是自视清高，认为没什么问题是自己不能解决的，一旦离开自己任何事情都会搞砸。所以，他们事事亲力亲为，不相信别人，结果不是把自己累得一塌糊涂，就是陷入了事倍功半的牢笼中。

　　相反，有些人缺点明显，个人能力不是那么强，却非常有智慧。他们懂得重视自己的重要性，但更懂得汲取百家之长，融入外界的力量，集思广益、叠加能量，让解决问题变得简单而轻松。

　　其实，面对生活和工作，当自己无法独立完成一件事、解决一个问题的时候，强迫着自己继续坚持，只会适得其反。

　　寒冬腊月，一个卖包子的和一个卖被子的同到一座破庙里躲避风雪。天很晚了，卖包子的很冷，卖被子的很饿，但他们都相信对方会有求于自己，所以谁也不肯先开口。就这样，卖包子的一个接一个地吃包子，卖被子的一条接一条地往身上盖被子，谁也不愿意向对方求救。最后，卖包子的冻死了，卖被子的饿死了。

这样的情形在我们的生活中也能看到。个人的力量对自然、对社会来说，都是渺小的，所以我们才要强调协作。力所不能及的时候，调动外界的一些力量，不失为一个好的办法。有时，可能他人不经意间提出的一个点子，就会拓宽我们的思路；他人的举手之劳，就能给我们减轻不少压力和负担。

比尔·盖茨说："一个善于借助他人力量的企业家，应该说是一个聪明的企业家。在办事的过程中善于借助他人力量的人，也是一个聪明的人。"中国台湾巨富陈永泰也说过："聪明人都是通过别人的力量，去达成自己的目标。"

人生的成功离不开他人的协助，人与人之间的交往和互助就是成就事业和幸福生活的基石。成功者都善于借力、借势去营造一种氛围，从而攻克一件件难事。在这个提倡协作的时代，单枪匹马的做事方法俨然已经不适应时代的需求了，我们要善于把不同人身上不同的优点集合在一起，以求事半功倍的效果。

赵某是某单位的HR主管，他在工作中遇见了一桩棘手的事。

单位的一位员工在出差的时候手臂骨折，这样的事情以前没有发生过，单位要如何处理这件事，是否该赔付，赔付多少，都没有可参

精准落实：解决问题见成效

考的例子。可这件事在处理上又不能马虎，毕竟牵扯到员工的利益，老板还是希望他尽快处理，担心拖下去会被员工认为不够重视或想逃避责任。

要妥善处理这件事，必须兼顾组织和员工的利益，对内对外都不能留下隐患。一时间，赵某不知所措，琢磨了半天的时间，他还是觉得要寻求外援。他给同样做人力资源管理的朋友打电话，这些朋友给他提供了至少10条有效的信息，依据这些信息，他很快就列出了一些解决方案，还写了部门处理类似事情的流程上报，老板对他的工作非常满意。

赵某觉得能圆满处理好这件事情，主要还是得益于同行的帮助。之前，他经常参加一些人力资源方面的活动，认识了不少的同行，虽然大家没有时间经常见面，可沟通还是很多的，逐渐就形成了一个关系网。有谁遇到什么不懂的问题，大家都会积极地提供帮助，毕竟都是专业的人士，方法也都比较有针对性。

一人事，一人知，一人行，可谓独断专行；二人事，二人知，二人行，可谓合作无间；大家事，大家知，大家行，可谓众志成城。现实就是这样，不管一个人自身的能力多强，智慧和才华总是有限的，唯有借助他人的能力和智慧，取长补短，为我所用，才能走得更顺畅。

工作不是一出独角戏，而是一出大合唱。在完成任务、追逐目标的时候，学会借力是很必要的，这无关自尊的问题，任何人都不可避免地需要别人的帮助。只有善于借助外界的各种力量和智慧，才能在工作中无往不利。

拖延是效率"杀手"

每次说起拖延，很多人都不以为然，大不了就是任务完成得慢一点，多花费点儿时间而已，不会有太大的影响。其实，这种想法才是最令人担忧的，因为他根本没有意识到拖延有多么可怕，更没有意识到即时行动有多么重要。

德国有一家电视台曾经高额悬赏征集"十秒钟惊险镜头"，这让不少新闻工作者趋之若鹜，征集活动一时间成了人们关注的焦点。在众多的参赛作品中，脱颖而出荣获冠军的是一个关于扳道工的故事短片。

几个星期后，获奖作品在电视的强档栏目中播出，多数人都在电视前看到了冠军短片中的那组镜头。对于这个作品，人们最初只是好奇地期待着，可在10秒钟之后，几乎每一个看过的人眼睛里都噙着泪水。毫不夸张地说，整个德国在那10秒钟的镜头之后，足足肃静了10分钟。

镜头的内容是这样的：在一个火车站里，一个扳道工正走向自己的岗位，准备为一列正在驶来的火车扳动道岔。此时，铁轨的另一头还有一列火车从相对的方向驶进车站，如果他不及时地扳岔，两列火车就会相撞，造成重大事故。

精准落实：解决问题见成效

就在这千钧一发的时候，他无意中回头一看，发现自己的儿子正在铁轨的一端玩耍，而那列进站的火车就行驶在这条铁轨上。到底是抢救儿子，还是扳动道岔避免一场灾难？留给他去抉择的时间太短了，甚至，哪怕他再迟疑一秒，就既救不了儿子也挽不回事故了。

那一刻，他毫不犹豫地、语气威严地朝着儿子喊了一声"卧倒"，同时迅速地冲过去扳动了道岔。就这一眨眼的工夫，火车进入了预定的轨道，而另一条铁路上的那列火车也呼啸而过。车上的旅客们根本不知道，他们的生命曾经千钧一发，他们更加不知道，一个小生命正卧倒在铁轨中间。

火车轰鸣着驶过，速度飞快，可对于扳道工来说，这段时间却无比漫长。幸好，孩子毫发无伤，他迅速且忠实地执行了父亲的命令，老老实实地卧倒在那里。这一幕，刚好被一个从此处经过的年轻记者摄入镜头中。

人们在看过短片后纷纷猜测，那个扳道工一定是个特别优秀的人。后来，通过记者的采访大家才知道，那个扳道工就是一个普通的工人，他唯一的优点就是忠于职守，在工作的时候没有拖延过一秒钟。更令人惊讶的是，那个听到父亲的命令就迅速卧倒的孩子，竟然是一个智力障碍儿童。

他曾经一遍又一遍地告诉儿子："你长大以后能干的工作太少了，你必须得有一样是出色的。"儿子听不懂他在说什么，依然傻乎乎的，可在生死一线的那个瞬间，他却立刻执行了父亲的命令，迅速"卧倒"——这是他跟父亲玩打仗游戏时，唯一听得懂并能做出的动作。

看到这里，你还会觉得拖延是无所谓的事吗？在当时的情境下，如果这位工人拖延一秒扳动道岔，就会酿成无法挽回的悲剧，可他没有失职，所以火车上的乘客安然无恙；如果那位有智力障碍的孩子拖延一秒去执行"卧倒"的命令，那也是一场巨大的浩劫。庆幸的是，这对父子在危难之际，都表现出了超强的执行力：一秒钟也没有拖延！

前美国国务卿鲍威尔说过一句话："去拖延一个问题远比做错还可怕，比做错付出的代价更大。"做错了一件事，也许会有遗憾，但至少去做了；拖延不去做，留下的只有懊悔，等于未战先衰。拖延不是一件不足挂齿的小事，它会让人变成温水中的青蛙，没有任何的紧迫感，等到惊觉水烫火热的时候，一切都已经迟了。

有一个问题很多人都想知道：我们为什么会在工作中拖延？明明知道拖延不好，为什么还是重复这个习惯？究其原因，无外乎以下几种：

第一，工作压力大，潜意识里想逃避。拖延总是伴随着压力存在的，如果工作量超过了潜意识所能接受的那个值，就会萌生出焦虑、抑郁等情绪，强烈的无力感会分散人的注意力，降低意志力。结果，投入工作中的精力不断被消耗，而工作量却没有减少，就形成了一个恶性循环。

第二，害怕失败，迟迟不去做。很多人都抱怨事情太多做不完，但没有谁会说"难度太大，无法完成"。习惯拖延的人都畏惧失败，宁愿被人认为没有下够功夫，也不愿意被人认为能力不足。

第三，外在事物的干扰，无法专心工作。微信、淘宝、抖音……上丰富多彩的诱惑不断吸引着现代人的眼球，刺激着人的大脑。薄弱的

精准落实：解决问题见成效

意志力在精心设计的诱惑面前节节败退，让人浪费了大量的工作时间，无法专心地投入到所做的事情中。

原因说完了，接下来就得谈谈对策了。大家可能也发现了，无论是哪一种原因，究其根本来说，最大的症结都是出在"人"身上。不是环境的过错，也不是任务难度太大，是我们潜意识里的完美主义倾向、逃避工作、缺乏时间观念等问题导致的。我们总是寻找借口回避现实工作，要解决拖延的问题，最可行的办法就是"不给自己留借口，全心全力地去做当下要做的事"，不行动永远都无法改变。

对付拖延最好的办法，不是做多么完善的计划，而是立刻行动。当一件事情在你脑海中萌发时，你的动力是最足的，此时立刻行动既能改善拖延症，还能把热情发挥到极致。当感受到了立刻行动带来的成就感后，你会逐渐喜欢上这种雷厉风行的做法，多尝试几次后，再与之前的拖延相比，就会更加倾向于立刻行动。

许多问题不是没有办法解决，也不是时间不够用，而是我们想得太多却做得太少。想做好工作，必须得讲究效率，打败拖延这个大敌。被工作和问题追着走，注定是一个失败者。

工作需要"三头六臂"

我们解决在工作中遇到的问题，往往靠单一的手段、单一的知识，而现实是，问题越来越具复杂性，要想很好地解决，需要复合的知识和手段。这就要求我们必须是一位多面手。

负责销售的人，如果完全不懂产品，肯定卖不好产品。现代产品的技术含量越来越高，掌握产品特性的难度也随之增大，销售人员不能仅仅是"略懂"，而是要"非常懂"才行。反过来，做产品的人，如果完全不懂市场，不懂销售的原理，做出来的产品不符合市场需求也是不行的。所以，成为卓越的人难就难在要把多种才能集于一身，即所谓的"才干复合"。

在过去的几十年时间里，硅谷培育出了众多优秀的公司，这里也形成了独特的管理者文化。当人们总结硅谷管理者文化的时候，总是要说一句："在硅谷，那些最优秀的管理者往往都是多面手。"

艺多不压身，我们千万不能教条化，认为专业化就是最好的，是通往成功的唯一途径。对于平庸的人来讲，或许是这样的，如果他能在自己的专业上做到最好，那他就是最优秀的员工。可是对于一个具有斗争精神的人来说，他需要成为一个"通才"，不断超越自己。

传奇的专家型通才巴克敏斯特·富勒说："我们的这个时代，往往认为越专业就越有逻辑性和可取性，但与此同时，人们似乎失去了综合理解能力。过度地追求专业化，对于管理者尤其不利，会让他们产生孤立、徒劳和困惑的感觉。而过度专业化在某种程度上也在磨灭个体的思考，更容易使管理者形成偏见。"

职场教练埃米莉·瓦普尼克在她的《遍尝人生》一书里，也提出了一个非常重要的概念——"多项潜能者"。埃米莉·瓦普尼克认为：在如今这个日新月异的年代，能够整合不同领域、适应力强的通才，要比专才更适合成为管理者。因为通才能够使用不同领域的知识和技能，

精准落实：解决问题见成效

深入了解不同领域的关系，这使得他们形成了独特的"专业能力"。

一般来讲，通才需要具备三种能力：

○ **融会贯通的能力**

有些人学东西，看山就是山，看水就是水。在他们眼里，山水是不相容的。

实际上，这就是缺乏融会贯通的能力。学习的时间很宝贵，在学习中如果能够做到举一反三，就相当于用同样的时间学习到了一个知识点的三种形态，可以极大地提高学习效率。

融会贯通的根本在于联想，即学会用一种知识去解释另一种知识。

学习历史时，我们会发现有几个地方总是在打仗，如山海关。如果只是单纯地学习历史，我们只能学到"山海关是军事重镇"这么一个知识点。至于它为什么是军事重镇，在历史学习中是找不到答案的。

然而，在学习中国地理的时候，我们却能够找到谜底。看到燕山山脉的延续走向，你会发现，燕山山脉横在东北地区与北京之间，一支古代军队想要穿过茫茫群山直接攻打北京，是不可能的事。唯有山海关那个地方，有一条天然的进京路线，所以大部队想要攻打北京，必须先要经过山海关。所以，山海关才能成为历史上的军事重镇。

通过这个小例子，我们可以得到两个启示：

首先，就算是解决你所处领域的专业问题，有时也需要一些其他的知识作为补充。

其次，想要让两种知识相互之间产生联系，一定要发挥联想的作用。在认识新事物的时候，要把它和更多其他领域的认识联系到一起，这样不仅能够加强我们融会贯通的能力，也能够加深我们对具体事物和普遍规律的认识。

○ 多任务切换的能力

在管理的过程中，我们经常会发现这样的规律：交给某人一个任务后，中途千万不要再让他做其他事，否则的话，哪一件也做不好。也就是说，这类人只能适应单一任务。

我们不断与问题、挑战进行斗争的工作性质，决定了必须要进行多任务处理。很简单，当你在做一件事情的时候，一会儿员工过来请示问题，一会儿老板给你布置一个新任务，一会儿其他部门的同事过来协商工作……很多时候不可能有条件只做单一的任务。

如果想成为通才，一定要培养在各任务间灵活切换的能力，不断加强适应环境变化的能力，更要能随机应变地解决问题。

○ 包容的能力

一个人能够学习不同领域的知识，首先是因为他不排斥自己专业外的其他知识。但很多人不是这样，我们在生活中经常会发现一些"鄙视链"——学哲学的鄙视学数学的，学数学的鄙视学物理的，学物理的鄙视学天文的……如果你也在这个鄙视链里，那就说明，你在排斥自身专业外的其他知识，缺乏"包容性"。

这不是好的习惯，会让你丧失成为通才的心理基础。对于任何知识，我们都要多一些包容，不要因为一些刻板的偏见，否认某种知识存在的合理性。这不仅是对中层管理者的要求，也是对每一个人的要求。

对于专才与通才，从同一个浅层维度来讲，专才解决事情的能力更强。可是，一旦通才融会贯通各领域的知识，架构起领域间的底层逻辑系统之后，就会因为量变产生质变，上升到专才难以企及的高度去看待问题。我们要努力想办法成为通才，给自己一个站在更高点的机会。

多做才是捷径

无论一个企业的规模多大，规章制度多么健全，职务说明多么详细，它也不可能把每一个员工的任务和应做的每一件事情，都讲得清清楚楚。总会有一些临时的事情需要做，但又没有明确指出具体该由谁去做。面对这样的情况，如果每个被指派的员工都说："这不是我的事""凭什么要我来做"，抱着斤斤计较的心态，那么可想而知，这个企业的凝聚力、竞争力会变得越来越低，因为没有人愿意为之付出。

多年来，我们一直提工匠精神、雷锋精神、钉子精神，其实里面有一个突出的核心，那就是全心全意为了组织而工作，不计较个人的利益，更不去想安排下来的任务是"分内"还是"分外"，只要是对大局有利的，都尽心尽力去做。

有一位大学毕业生，进入社会后的第一份工作是在英国大使馆做接线员。在大多数人眼里，这种工作没什么技术含量，根本无须花费太多心思，就是接接电话而已，太简单了。可就是这份工作，却让她成了大使馆里最"火"的接线员，她的电话间成了大使馆的信息中转站，甚至连大使们都亲自跑到电话间来表扬她。

她究竟做了什么，能让自己如此受欢迎和重视？

原因就是，她除了像其他接线员那样每天转接电话之外，还做了其他接线员没有做的"分外事"，把使馆里所有人的名字、电话、职务、工作范围甚至他们家属的信息都背了下来。只要一有电话打进来，她就能迅速而准确地帮对方转接过去。如果对方不清楚要找谁，她就会询问对方的一些信息或要处理的事宜，根据自己的判断来帮对方找人。

时间长了，使馆里的人都知道有个接线员特别认真，每次外出都会告诉她，可能会有什么人打电话给自己，有什么情况要转告对方，哪些电话需要转接给哪位同事，甚至连私事也会委托她通知。

由于工作用心、表现优秀，她很快就破格被调到了英国某报社，给资深的记者做翻译。起初，资深记者还看不上她，可仅仅用了一年的时间，她就让对方改观了，且发自内心地对同事夸耀："我的翻译比你们的都要好。"之所以这样说，是因为不管他交代什么工作，她都会努力做到最好，甚至把一些没有交代的事情，也主动做了。

没过多久，她又被破例调到了美国驻华联络处，之后担任中国外交学院副院长，驻澳大利亚使馆新闻参赞、发言人，中国外交部翻译室副主任、中国驻纳米比亚大使。她，就是任小萍。

从接线员到驻外大使，两者之间的距离，看似很遥远。可任小萍却把它走成了一道顺畅的直线，成就她的就是那份不计较多做一点儿事情的态度。多少接线员，就只做眼前的那点事，当对方不清楚找谁的时候，通常就会告知，请查清楚后再拨打电话；遇到要找自己不熟悉的人员，就一页一页地翻看电话簿，等把电话转过去，可能已经一两分钟了，如果有急事的话，可想而知对方是什么心情。

任小萍把接线员的工作做到了极致，没有去区分什么"分内事"和"分外事"。她没有像一些爱计较的人那样，心想着"我拿的是一份接线员的薪水，干吗要那么认真"。她的想法很简单，只要是和工作有关的事，都是自己的"分内事"，没必要计较得失。

不同的心态，带来不同的结果。优秀者比平庸者多的，不一定是智慧和能力，也不一定是运气和机会，而只是多付出的那一点点。在没有人监督和命令的时候，优秀者依然能够主动挖掘自身潜能，多承担责任和义务，从而慢慢与平庸者拉开距离。

那么，对普通员工来说，"多做一点儿"的具体表现都是什么呢？

第一，主动熟悉公司的一切。做好工作的前提，是熟悉公司的一切，包括公司的目标、文化、组织结构、销售方式、经营方针、工作理念，等等，要有一种主人翁的心态，像老板一了解自己所在的企业，这样的话，才能在日后的工作中采取更有针对性的工作方式，效率更高。

第二，不等着别人交代。如果一个员工总是习惯等着别人给自己"下命令"，他就会从思想上降低工作的积极性，效率下降，且还会养成"只做自己喜欢的事""有所为而为"的习惯。如此一来，就很难做到主动行事，即便是被安排任务，也会想方设法拖延、敷衍。看似轻松了，其实无异于"画地为牢"，将自己圈在了平庸的领地内。

第三，工作时不偷闲。优秀的员工在完成一项工作后，总是会去翻看工作日记，看目标是否都已达到，是否还有需要添加的任务，还需要学习点什么，扩充自己的知识和能力。总而言之，在任何闲暇的时候，他们都能主动去找事做，以提升自己。

第四，主动承担分外之事。不少大公司都认为，一个优秀的员工不仅仅是完成自己的既定任务，还会主动承担自己工作外的事情，哪怕老板没有交代。这样的员工，总能在工作之余学到更多的东西，熟悉各个部门的工作流程，为将来积攒做管理者的资本。

第五，主动提建议。当发现老板或同事处理事务的方式效率不高，而其本人并未察觉，或不知如何改进时，可主动建言献计，提出合理化的建议。如此，不但能给自己赢得好人缘，利于同事间的合作、提升工作效率，还能给老板留下深刻的印象。要做到这一点，就必须主动了解公司的运作流程、业务方向和模式，以及如何盈利，关注市场走向，分析竞争对手的情况，这一系列工作可能不是你的本职工作，但若在工作之余多了解、多思考，往往能给你带来更广阔的空间。

细节决定成败

1%的错误会带来100%的失败！

这就好比烧开水，99℃就是99℃，如果不再持续加温，是永远不能成为滚烫的开水的（各位读者不要较真说高原99℃水也能开，我们这里只是讲这个道理）。所以我们只有烧好每一个平凡的1℃，在细节上精益求精，才能真正达到沸腾的效果。小事不可小看，细节彰显魅力。如果每个人都热爱自己的工作，每天就会尽自己所能力求完美。而如果我们关注了细节，就可以把握创新之源，也就为成功奠定了坚实的基础。

成功源于一点一滴的积累。一个人，要想获得成功，从平凡走向卓越，就必须拥有对目标坚持不懈的恒心和强大的意志力。那些伟人之所以能创造出伟大的事业，凭借的正是持之以恒的毅力。

马克思整整花费了40年的心血，才完成了巨著《资本论》；伟大的德国文学家歌德创作《浮士德》，用了50年的时间；中国古代医药学家李时珍为了写《本草纲目》，经历了30年的跋山涉水；大书法家王羲之经年累月苦练书法，成就了"天下第一行书"的盛名；著名科学家、气象学家竺可桢坚持每天记录天气情况，记录了38年零37天，其间没有一天间断，直到他去世前的那一天；著名作家巴尔扎克为了创作他的小说，在深夜的街头等着从舞会里出来的贵妇人；美国作家马克·吐温更是把自己积累素材的日记称为油料箱；发明家爱迪生在1000多次失败的实验后才发现钨丝最适合做灯泡的灯丝，那么，他之前的每一次失败有什么价值呢？爱迪生自己给出了最好的答案："我至少发现了1000多种不适合做灯丝的材料。"爱迪生告诉我们，以前的失败只是前进路上的障碍和陷阱，每一次跌倒，我们都可以从中吸取教训，避免以后犯同样的错误。从这个角度来说，失败并不是一件坏事。"失败是成功之母"道理也如此。

然而，这种持之以恒的毅力不是天生得来的，它需要在日积月累的坚持中慢慢磨炼而成，尤其是对于还不成熟的人来说，持之以恒更需要在日常生活的许多细节中慢慢培养。要知道，成功不是一朝一夕可以获得的，只有每天前进一步，才能逐渐靠近自己的目标。

著名学者钱钟书在清华大学读书时，为了更广泛地汲取知识，为自己制定了"横扫清华图书馆"的目标，要读尽清华藏书。在这个目标的激励下，他勤学苦读，笔耕不辍，最终成为著名作家和学者。

在生活和学习中，我们应该把远大的目标分解成眼前的每一天应该完成的任务。我们要尽量保持一颗"平常心"，要设计好明天的宏伟目标，更要走好今天的每一步；应该每天都要努力向前，抓紧平时的一点一滴，才能积累出最后的辉煌。

而恒心与意志力是造就成功的关键品质。有时候，超人的意志和绝不放弃的精神甚至能创造奇迹。

当然，要做到不轻言放弃，我们还需要正确地认识失败和挫折。

20世纪初，美国福特公司正处于高速发展时期，一个个车间、一片片厂房迅速建成并投入使用。客户的订单快把福特公司销售处的办公室塞满了，每一辆刚刚下线的福特汽车都有许多人等着购买。突然，福特公司一台电机出了故障，整个车间几乎不能运转了，相关的生产工作也被迫停了下来。公司调来大批检修工人反复检修，又请了许多专家来检查，可怎么也找不到问题出在哪儿，更谈不上维修了。福特公司的领导懊恼不已，别说停一天，就是停一分钟，对福特来讲也是巨大的经济损失。这时有人提议去请著名的物理学家、电机专家斯坦门茨帮忙，领导宛如抓住了救命稻草，急忙派专人把斯坦门茨请来。

斯坦门茨仔细检查了电机，然后用粉笔在电机外壳上画了一条线，对工作人员说："打开电机，在记号处把里面的线圈减少16圈。"人们照办了，令人惊异的是，故障竟然排除了！生产立刻恢复了！

福特公司经理问斯坦门茨要多少酬金，斯坦门茨说："不多，只需要1万美元。"1万美元？就只简简单单画了一条线！当时福特公司最著名的薪酬口号就是"月薪5美元"，这在当时是很高的工资待遇，以至于全美国许许多多经验丰富的技术工人和优秀的工程师为了这5美元月薪从各地纷纷涌来。1条线，1万美元，一个普通职员100多年的收入总和！斯坦门茨看大家迷惑不解，转身开了个清单：画一条线，1美元；知道在哪儿画线（涉及如何观察、分析问题、判断问题和正确地运用知识与逻辑，而画线是这一系列工作之后的最后一件小事，在日常事务中若解决问题时搞错了方向，问题是永远得不到解决的，会一直作为问题并存在着，若找对了方向，解决它可能就是一瞬间和一个简单的买入或卖出动作而已），9999美元。福特公司经理看了之后，不仅照价付酬，还重金聘用了斯坦门茨。

是的，斯坦门茨的回答很对，画线是人人都能做到的，知道应该在哪里画线却是极少数人才具备的才能。许多人常常抱怨自己的待遇和收入太低，却很少在心底问过自己是否具备获取高报酬的本领。这故事原本说的是知识的价值，如果换个角度来说，就是决策的结果很简单，但决策的过程很复杂，需要人们做大量深入细致的调查研究。以此例来说，为什么要在此处而非在彼处画线？为什么是减去16圈，而不是减去15圈或17圈？可以说，决策正确显本事，细微之处见功夫。决策的过程是一个从细节中来、到细节中去的过程。

麦当劳在中国开到哪里，火到哪里，令中国餐饮界人士又是羡慕，又是嫉妒，麦当劳取得令人眼热的成绩靠的是前期艰苦细致的市场调研工作。

麦当劳进驻中国前，连续5年跟踪调查，内容包括中国消费者的经济收入情况和消费方式的特点，提前4年在中国东北和北京市郊试种马铃薯，根据中国人的身高体形确定了最佳柜台、桌椅和尺寸，还从香港地区的麦当劳空运成品到北京，进行口味试验和分析。开首家分店时，在北京选了5个地点反复论证、比较，最后麦当劳进军中国，一炮打响。

这就是细节的魅力。正如《细节决定成败》一书的作者汪中求所说，中国绝不缺少雄韬伟略的战略家，缺少的是精益求精的执行者；绝不缺少各类规章、管理制度，缺少的是对规章制度不折不扣地执行。好的战略只有落实到每个执行的细节上，才能发挥作用。

能力是训练出来的

"技术，是需要不断地训练，建立了绝对的信心，就会在直觉出现的时候，毫不犹豫地出手。"这是射击的技术要领，却揭示了重复训练对提高技术的重要性。

当我们开始做一件事的时候，总是显得那么笨拙与别扭，就像第一次参加户外慢跑，不熟悉路线，没有方向感，不知穿什么样的运动装好，跌跌撞撞地往前冲，一切都是生疏的、笨手笨脚的、糟糕的。

我们在开始扮演新角色或是养成新习惯的时候，常常会有自己是个冒名顶替的骗子的感觉。但是，当我们实践的越多，就越会感觉到真实。就像跑步，起初，你会觉得这是一件既乱糟糟又让人很尴尬的事，但随后，它会变得越来越容易；多年后，当你站在马拉松起跑线上，你也不会觉得自己像个装模作样的冒牌货。

假设我们同一时间进入某一领域，随着时间的推移，会产生不同的结果。第一种类型，没坚持多久就放弃了，最后注定是一位失败者。第二种类型，起初很努力，也一直在锻炼自己的能力，并最终进入了所在的行业，且获得了一些技能。不过随着对行业的了解，开始啃起老本，以为能凭着曾经获得的经验和技能一劳永逸，最终因不思进取"登堂"而未"入室"，只能算个业余选手。只有第三种人，一直坚持自己的目标，认定后坚持去做，不断训练自己的技能，克服各种困难，能力也不断提升，最终"登堂入室"，成为专家。

总之，只有不断地训练，在遇到阻滞的时候勇敢突破，才能以最快的速度进步，才能建立绝对的信心，才能在最后达到成功的巅峰。

非常著名的"一万小时定律"，是由畅销书作家格拉德威尔提出的。格拉德威尔认为，要成为某个领域的专家，需要一万个小时，按比例计算就是：如果每天工作八个小时，一周工作五天，那么成为一个领域的专家至少需要五年。

"一万小时定律"是格拉德威尔在调查研究的基础上提出的。他的研究显示，在任何领域取得成功的关键跟天分无关，只是练习的问题，需要练习1万个小时：10年内，每周练习20个小时，每天大概3个小时。每天3个小时的练习只是个平均数，在实际练习过程中，花费的时间可能不同。

20世纪90年代初，瑞典心理学家安德斯·埃里克森在柏林音乐学院也做过调查，学小提琴的人大约从5岁开始练习，起初每个人都是每周练习两三个小时，但从8岁起，那些最优秀的学生练习时间最长，9岁时每周6个小时，12岁时每周8个小时，14岁时每周16个小时，直到20岁时每周30多小时，共计1万个小时。

"一万小时定律"在成功者身上也得到过验证。作为电脑天才，比尔·盖茨13岁时有机会接触到世界上最早的一批电脑终端机，开始学习计算机编程，7年后他创建微软公司时，已经连续坚持了7年的程序设计，超过了1万个小时。欧洲最伟大的古典主义音乐家之一莫扎特，在6岁生日之前，作为音乐家的父亲已经指导他练习了3500个小时。到他21岁写出脍炙人口的第九钢琴协奏曲时，可想而知他已经练习了多少个小时。象棋神童鲍比·菲舍尔，17岁就奇迹般奠定了大师地位，但在这之前他也投入了10年时间的艰苦训练。

"一万小时定律"的关键在于，1万个小时是底限，而且没有例外之人。没有人仅用3000个小时就能达到世界级水准；7500个小时也不行。1万个小时的练习，是成功的必经之路。

写出《明朝那些事儿》的当年明月，5岁时开始看历史书，《上下五千年》11岁之前读了7遍，11岁后开始看《二十四史》《资治通鉴》，

精准落实：解决问题见成效

然后是《明实录》《清实录》《明史纪事本末》《明通鉴》《明会典》和《纲目三编》。他陆陆续续看了15年，看了6000多万字的史料，每天都要学习两个小时。把这几个时间数字相乘，15年乘2小时再乘以365天，等于10950个小时。

世界田坛巨星，2015年退役的"飞人"刘翔，我们只看见他在赛场上的风驰电掣，一骑绝尘，可是为了在赛场上的10多秒的辉煌，他从7岁开始苦练，不知跑了几个一万小时，汗水流了几吨，经历了无数挫折和失败，才换来了"阳光总在风雨后"。

原青岛港桥吊队队长许振超，能把吊装技术练得像绣花一样精细，丝毫不差，多次在吊装技术比赛中技压群雄，还多次打破世界港口吊装纪录。为了这"一招鲜"，他至少练了30年，苦心孤诣，练习不辍，足足有好几个一万小时。

人们都羡慕那些成就非凡的弄潮儿，可是有没有想到：他们其实也和我们一样是平常人，之所以能脱颖而出，就是因为他们有超常的耐心和毅力，肯花1万个小时甚至更多的时间来训练和学习积累，所以才能水滴石穿，终成正果。如果我们也想像那些杰出人物一样出类拔萃，就先别埋怨自己没有机会，不逢贵人，怀才不遇，而是先问问自己功夫下得够不够，有没有付出过1万个小时的努力。

无数事实证明，一个人只要不是太笨，有这一万个小时的苦练打底，即使成不了大师、巨匠，至少也会成为本行业的一个具有丰富经验的专家，一个对社会有用的人。

第六章　效率为魂：高效是剑，无坚不摧

管理时间是职场必修课

英国作家赫胥黎说：时间最不偏私，给任何人都是二十四小时；时间也是偏私的，给任何人都不是二十四小时。

有的人每天起早贪黑，12个小时待在办公室里，看起来比任何人都忙，可效率却一点都不高，临近回家还觉得有一堆事情没处理完，感叹着：时间都去哪儿了？很多职场人的"忙"，都停留在这样的状态中，看似没闲着，其实没多少效率，做的事情并不多。

为什么会出现这样的情况呢？拿破仑·希尔的这番话，足以回答此问题："利用好时间是非常重要的，一天的时间如果不好好规划一下，就会白白浪费掉，就会消失得无影无踪，我们就会一无所成。事实证明，成功和失败的界限在于怎样分配时间，怎样安排时间。"

时间是世上最公平的东西，它赋予每个人的分秒都是一样的，关键在于谁会利用。一个员工会不会利用时间，不是看他在工作时间内是否忙碌不停，做着形式上的努力，而是有没有能力让每一分、每一秒都产生最大的效益，在同样的时间内高质高量地完成任务。有时，我们也会看到有些人总是在上班时间就"轻松"地搞定了工作，事情办得都很漂亮，很少加班，业绩却很出色。说到底，他们就是懂得时间管理的方法和技巧。

身为贸易公司主管的刘先生，在体检中查出患了心脏病，为了调养身体，他每天只能工作三四个小时。刘先生原来是一个工作狂，但身体的原因让他不得不改变过去的习惯，把每天的工作时间压缩到四个小时。一段时间后，他惊奇地发现，这三四个小时所做的事情，在质量和效率方面，跟以前花费八九个小时做的事差不多，这让他很震惊。分析了很久，刘先生终于意识到：工作时间被迫缩短，他只好高度集中精力，去攻克关键的任务。这些任务的完成，保证了他的工作效率和效能。

按照常理来说，一天工作8小时，每小时60分钟。那么，到了现实中，1小时究竟有没有60分钟呢？坦白说，没有。因为我们利用到的，往往只是重要的几分钟、十几分钟而已。现在，我们不妨通过一个实验测试一下一天中究竟有几个小时是有效的。

找一个笔记本，把一天分成三个8小时的区域，再把每小时画成60分钟的小格。在一周的时间里，我们可以随时把自己所做的事情记录在表格里，连续做完一周，回头再来看，就会发现自己浪费了多少宝贵的时间。接下来，就会知道如何去做事了。

我们时常会讲到一个词语：事半功倍。大致意思就是，花费一半的力量，得到数倍的效果。能够实现此目标的人，不一定都是非常聪明、行动特别快的，还有很大一部分是懂得"一时两用"的人。人是跑不过时间的，但只要会利用时间，也可以创造不少东西。谁善于利用时间，谁的时间就会变得"超值"。但凡在某个领域内表现出色的人，通常都有让他们获得成功的习惯和方法，尤其是善于时间管理。

美国一家知名公司的董事长赖福林就是一个管理时间的高手，他每天早上六点钟来到办公室，先用15分钟阅读有关经营管理哲学的书籍，然后全身心地投入到年度内必须完成的工作中，思考该采取的措施和必要的制度。紧接着，他会考虑一周内的工作，把本周的工作全部列在黑板上。之后，他会在餐厅和秘书一起喝咖啡时，把他认为重要的几项事情商量一下，小到孩子入托，大到公司的方针，而后做出决定，让秘书操办。这样的工作方法，让赖福林大大提高了工作效率，也推动了企业整体绩效的提高。

还有知名科学家富兰克林，他也给自己制定了严格的作息时间表：五点钟起床，规划一天的事务；睡前自问："我今天做了什么？"他经常提醒朋友："你热爱生命吗？那么别浪费时间，因时间是组成生命的材料。"他就像热爱生命一样热爱自己的时间，且懂得合理规划和使用时间，这样的习惯最终成就了他的辉煌事业。

工作的效率源自良好的工作方法，而非延长工作时间。所有的时间管理专家都不赞成为了完成工作任务而加班，那样会把工作的战线拉得越来越长。真正优质的工作方法，应当是提高时间利用率，这样不仅能保证工作高效地完成，还能从中享受到工作的乐趣，而不至于牺牲休息的时间。

时间管理大师哈林·史密斯曾经提出过一个"神奇三小时"的概念，即抓住早上5点到8点的黄金时间。如果晚上10点钟休息，早上5点钟起床，睡眠时间就是7个小时；如果在晚上12点钟睡觉，早上7点钟起床，睡眠时间也是7个小时，所以我们在这里提倡"早睡早起"，运用"神奇三小时"法则，战略性地调整一下休息和工作时间，在头脑清醒的时候做一些重要的事情。

精准落实：解决问题见成效

职场是一个讲究效率的地方，对时间的掌控能力决定了员工的业绩。金钱能够储蓄，经验可以积累，唯独时间不能够保留。要成为高效能人士，必须培养时间管理意识，唯有善于掌控时间，才能从"忙碌"中抽身，摆脱疲于奔命的状态。

没有停顿的生命，
或许只是简单的重复

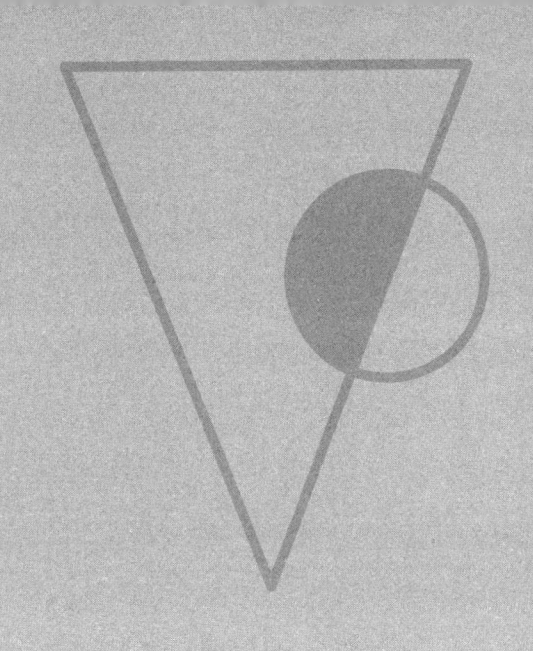

第七章
精准思维，工作落实落细

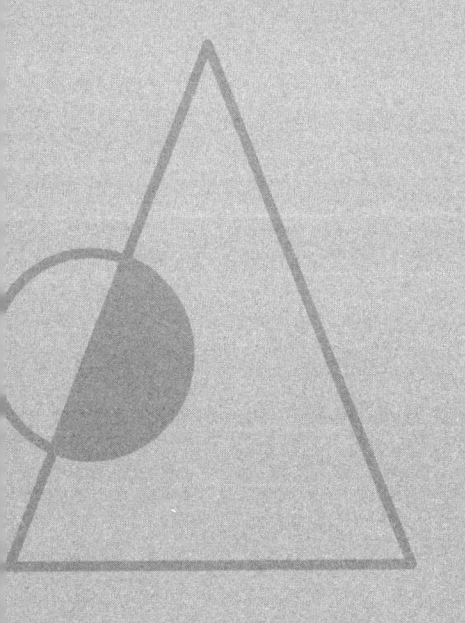

第七章　精准思维，工作落实落细

掌握工作的"精度"

人类对于外部客观世界的认知程度与精确度密切相关，认知的精准度越高，奋斗精神发挥作用就越显著。

随着对世界的认识越来越深入，我们会发现一个不争的事实：模糊思维的局限性越来越大，越来越难以适应今天的社会发展。特别是当我们无法有效地使用精确化的符号工具，在今天更是寸步难行。建立精准思维，就需要精确的符号工具。

精准思维是一种强调准确性、细致性和深入性的思维方式。它要求人们在思考和解决问题时，能够避免模糊性和笼统性，而是从细节入手，进行深入的剖析和推理。精准思维的特点包括：

准确性：能够准确地识别问题的本质和关键点，避免误判和误解。

细致性：注重细节，善于从微小的差异中发现问题和机会。

深入性：进行深入的分析和推理，找到问题的根源和解决方案。

古代的农民，日出而作，日落而息。所谓"日出"，就是"太阳出来的时候"，是一个模糊的符号工具，在古代使用没有问题。可是今天，我们还能根据太阳的高度来判断出门的时间吗？肯定不行，因为社会规则要求我们，要用更准确的符号工具来表达，我们必须要在"8点半"准时到单位。晚了一分钟就算迟到。这就是精确化的符号工具和精确化的思维，容不得半点马虎。

我们不仅在时间上要有精准思维，语言表达也需要更加精准。现如今，我们去看古代人写的许多文章，文采自然不必多说，立意也很高远，但似乎总是差了那么一点精准化的东西，即使是大臣写给皇帝的奏折，按道理也是要准确地表达某一事件的，可我们回过头去看这些奏折时，会发现里面有大量的模糊化的用语，什么"损伤过半""大雨如注""灾民遍野"，这些都不是准确的用词。

明太祖朱元璋，手下有一个臣子叫茹太素，这位大臣给皇帝上了一道奏折，弯弯绕绕有近两万字，皇上看得头晕眼花，让中书郎王敏念给他听。结果，念到一半了还是在讲废话，这可把朱元璋气坏了，当时就下令把茹太素拖过来打板子。朱元璋是一个英明的君主，打完了板子，奏折还是得听。第二天，总算把他的折子看完了，并从中提炼出了五条建议，其中四条都被采纳了。

有话不直说、有事不明说，这是模糊化思维下的一种奇怪现象。到了今天，这种现象越来越少了，我们看现在的报告性文章，里面大都是以数据和实例讲话的，这就精准了很多。可正如我们前面所讲，尽管情况发生了变化，但是这种模糊化的思想，依旧藏匿于我们心里的某个地方，总在某些不需要模糊的事情上悄悄地发挥着效用。

那么，怎样才能够强化我们的精准思维，实现精准思考和精准表达呢？

第一，在思考或表达一件事时，精确地勾勒出现状。

现状是已经发生的、可以测量的，很容易实现精准表达。在描述现状的时候，我们要尽量多用数据、实例和成熟的专有名词，少用一些模糊化的用语。

第二，精确地勾勒出现状之后，找出确切的问题。

想准确地找到问题，一是需要个人的分析能力，二是需要专业的科学素养。个人能力很难在短期之内改变，可是科学素养，也就是我们所说的科学精神，只要在找问题的时候把握住八个字的精髓便能够保证不偏离正轨——深入研究、实事求是。

第三，针对确切的问题，提出有针对性的方案。

问题明确了，接下来就要准备方案了。我们经常会在一些方案中听到这类描述：面对困难，在接下来的一年中，我们要精诚团结、自力更生、不断进取、勇攀高峰。这个方案对不对？对，做好事情，确实需要这些东西来支撑。可问题是，具体要怎么做呢？方案中并没有说出来，还得靠个人领会。

每个人的立场不同，领会能力也不同。领会到精要，做到位了，就说是方案的功劳；领会得错了，没有做好，就说是没有按照方案执行。这种逻辑行得通吗？完全是通过模糊化的处理，给了类似的方案一个不败之地。说到底，是一个责任归属的问题。有时候方案模糊，并不

精准落实：解决问题见成效

是能力的问题，而是没有一个明确的责任划分，这也是科学精神缺失的表现。

如果我们在处理任何一件事时，都能做到精准地表述现状，找出确切的问题，拿出具体可执行的方案，那不仅可以强化我们的精准思维，也能让我们更精准地投入到行动中，让付出发挥实效。

结构化思维：杂乱记忆整理术

下面有14个字母，你试着在3秒钟内看完并记住它们：

a e f b g j k d c i h n l m

能记得住吗？是不是觉得很费劲？现在我把它们的位置换一下，你再试试：

a b c d e f g h i j k l m n

同样是这些字母，但凡有一点拼音或英文基础的，都可以很快记住它们。

为什么后面的一组字母比较容易记忆？这里就涉及结构化思维的问题。

什么是结构化思维？

结构化思维是指从整体思考到局部，是一种层次分明的思考方式。简单来说，就是借用一个思维框架来辅助思考，将碎片化的信息进行系统化的思考和处理，从而提高思维的层次，更全面地思考。简单来说，没有结构的思维是零散混乱无条理的想法的集合，而结构化思维形成一个有条理、有层次、脉络清晰的思考路径。

正是因为具备了结构化思维，才使得麦肯锡精英们在不了解一个行业、不具备专业知识的前提下，快速学习并掌握行业精髓，在短期内完成跨界，为各行业的专家们出谋划策，高效地解决各种商业难题。

结构化思维的原理

人处理信息的能力有限，杂乱的信息会让大脑感到负荷太重，它更偏爱有规律的信息。上述的两组字母是一样的，但第一组字母是随机排列的，而第二组字母是按照26个英文字母的顺序排列的，结构上更有规律，更符合大脑的思维习惯，所以更便于记忆。

如何训练结构化思维？

• 方法1：自上而下建立结构

在处理问题、与人沟通、撰写文章的过程中，如果我们能够建立一个框架，把零散的信息放进去加工整合，就能够更快更好地得出正确的结论，这个框架就是结构化思维。

事实上，这种方法东西我们很早就接触过，比如学习作文时，老师讲过的"总分总"结构；解答数学题时，先求什么、后求什么的思路，都属于结构化思维的范围。

• 方法2：自下而上提炼结构

自下而上提炼结构，是一个先发散再收敛的思考过程，目的是提

精准落实：解决问题见成效 ▲

炼出一个结构完整、逻辑清晰的框架，来帮助我们系统地解决问题、回答问题。

Step1：尽可能列出所有思考的要点；

Step2：找出要点之间的关系，利用MECE原则进行分类；

Step3：总结概括要点，提炼要点；

Step4：补充观点，完善思维。

结构化思维的应用实例

周二当天，某公司领导预想在下午3:00召开一次会议，将此任务传达给总经办助理。但因为需要与会的人员各有公务在身，且时间上有冲突，总经办助理思虑后，把开会的时间安排在周四上午11点。她要怎样向领导汇报，才能说清楚这样安排的原因？

针对这一情况，我们可以根据"自下而上"的方式来处理。

第一步：罗列要点

○ W经理下午3点钟不能参加会议；

○ S说不介意晚一点开会，会可以放在明天开，在10:30之前不行；

○ 会议室明天有人预定，但周四还没有人定；

○ T明天要很晚才能回来；

○ 会议定在星期四11点比较合适。

第二步：概括分类

○ 明天（周三），T无法参加；

○ 上午10:30前，S不能参加；

○ 下午3点，W不能参加；

○ 周四会议室可用。

第三步：提炼要点

○ 会议安排在周四，时间选择在10:30—15:00，所有人都能参加。

在跟领导汇报时，总经办助理就可以这样表述——

"我们可以把今天下午3点钟的会议，改在星期四上午11点吗？因为这个时间点，T总、W经理和S都能参加，且本周只有周四会议室还没有被预定。您看如何？"

结构化思维的两种方法没有优劣之分，在遇到问题的时候，你觉得哪种结构能表达你的思考脉络就用哪种。坚持一段时间后，你会发现自己思考问题时更有逻辑性，说话也更有条理了。总之，告别了一团乱麻的状态，做事的效率和结果都会发生改变。

知责，明责，负责

任何一项工作的精准落实，都必然依赖参与者的严谨负责。责任心是一种重要的品质，它体现在对任务的认真执行、对细节的严格把控以及对结果的负责态度上。在精准落实的过程中，责任心的作用主要体现在以下几个方面：

确保任务执行到位：责任心强的个体在执行任务时，会全力以赴，确保每一个步骤都按照计划进行，不遗漏任何细节。这种对任务的认真执行，是精准落实的基础。

精准落实：解决问题见成效

注重细节和品质：精准落实往往需要对细节进行严格的把控。责任心强的个体在工作中，会注重每一个细节，确保产品的品质符合标准，甚至超越客户的期望。这种对细节的关注，有助于提升产品或服务的整体质量。

积极应对挑战和困难：在精准落实的过程中，难免会遇到各种挑战和困难。责任心强的人在面对这些问题时，会积极寻求解决方案，而不是逃避或推卸责任。这种勇于担当的精神，有助于推动项目的顺利进行。

对结果负责：责任心强的人不仅关注过程，更关注结果。他们会努力确保项目的成功落地，并对结果负责。如果出现问题，他们会主动承担责任，寻找改进的方法，以避免类似问题的再次发生。

因此，责任心是精准落实不可或缺的重要因素。一个缺乏责任心的团队或个人，很难实现精准落实，甚至可能导致项目的失败。

每个人都应该对自己负责的工作承担应尽的责任，这么一件似乎天经地义的事，现实中却总有人无法做到。特别是在面对压力、失败、事故的时候，选择抱怨和逃避的人很多，还有一部分人则会陷入低迷和沮丧中。很少有人愿意承认这样的结局是自己导致的，主动去承担那份责任。因为害怕会遭到惩罚，会失去现有的东西，就会找理由为自己推脱，把责任归咎于他人或是外部不可控的因素，以此来让自己免受责罚。

其实，这也是一种常见的行为反应。我们总是习惯性地认为别人才是问题的制造者，而自己是一个无辜的受害者。可在工作的过程中，

第七章 精准思维，工作落实落细

出现了问题时，没有哪个人应该置身事外，所有人都有责任和义务去防范问题的发生，同时也应当在问题的萌芽期及时发现并处理。如果每个人都能够在自己的环节把问题彻底解决掉，没有任何的松懈和依靠心理，很多坏的结局都可以避免。

当巴西海顺远洋运输公司派出的救援船抵达出事地点时，"环大西洋"号海轮已经消失了，21名船员不见了，海面上只剩下一个救生电台有节奏地发着求救的信号。救援人员望着大海发呆，没有人知道在这个海况极好的地方究竟发生了什么，让这艘最先进的船沉没。

这时，有人发现电台下面绑着一个密封的瓶子，而瓶子里有一张字条，上面有21种不同的字迹，记录着事情发生的经过：

一水汤姆：3月21日，我在奥克兰港私自买了一个台灯，想给妻子写信时照明用。

二副瑟曼：我看见汤姆拿着台灯回船，说了句这小台灯底座轻，船晃时别让它倒下来，但没有干涉。

三副帕蒂：3月21日下午船离港，我发现救生筏施放器有问题，就把救生筏绑在了架子上面。

二水戴维斯：离岗检查时，我发现水手区的闭门器坏了，就用铁丝把门绑牢。

二管轮安特尔：在检查消防设施时，我发现水手区的消火栓锈蚀了，心想着还有几天就靠岸到码头了，到时候再换吧！

船长麦特：起航时工作繁忙，我没有顾得上看甲板部和轮机部的

精准落实：解决问题见成效

安全检查报告。

机匠丹尼尔：3月23日上午，理查德和苏勒的房间消防探头连续报警。我和瓦尔特进去后，未发现火苗，判定探头误报警，拆掉交给惠特曼，要求换新的。

机匠瓦尔特：我就是瓦尔特。

大管轮惠特曼：我说正忙着，等一会儿拿给你们。

服务生斯科尼：3月23日13点，我到理查德房间找他，他不在，我坐了一会儿，随手打开了他的台灯。

大副克姆普：3月23日13点半，我带苏勒和罗伯特进行安全巡视，没有进理查德和苏勒的房间，说了句"你们的房间自己进去看看"。

一水苏勒：我笑了笑，也没有进房间，跟在克姆普后面。

一水罗伯特：我也没有进房间，跟在苏勒的后面。

机电长科恩：3月23日14点，我发现跳闸了，这样的现象以前也出现过，我没有多想，就把闸合上，没有查明原因。

三管轮马辛：我感觉空气不太好，先打电话给厨房，证明没有问题后，又让机舱打开了通风阀。

大厨史若：我接到马辛的电话时，开玩笑说，我们在这里有什么问题？你还不来帮我们做饭？然后问乌苏拉："我们这里都安全吗？"

二厨乌苏拉：我也感觉空气不好，但觉得我们这里很安全，就继续做饭。

机匠努波：我接到马辛电话后，打开通风阀。

管事戴思蒙：14点半，我召集所有不在岗位的人到厨房帮忙做饭，晚上会餐。

医生英里斯：我没有巡诊。

电工荷尔因：晚上我值班时跑进了餐厅。

最后是船长麦特写的话：19点半发现火灾时，汤姆和苏勒的房间已经烧穿，一切糟糕透了，我们没有办法控制火情，火越烧越大，直到整条船上都是火。我们每个人都犯了一点小错误，最终酿成了人亡船毁的大错。

看完了这张绝笔字条，所有的救援人员都沉默了。海面上的寂静，让他们仿佛看到了整个事故的过程。尤其是船长麦特的最后一句话："我们每个人都犯了一点小错误，最终酿成了人亡船毁的大错。"

这样的悲剧，不能说是某一个人的错，船上的所有人都有错。纵观整件事情的来龙去脉，我们很明显地发现，问题出现的时候，每个人都是问题的根源，谁也逃脱不了责任。如果每个人都能尽职尽责地做好自己的事，不漠视纪律，不违反规定，把经手的每个细节都能处理得圆满，将安全隐患消灭在萌芽之中，这样的悲剧是完全可以不发生的。

爱默生说过："责任具有至高无上的价值，它是一种伟大的品格，在所有价值中它处于最高的位置。"不要等出现问题的时候，想着如何把责任推卸给别人，在接手一项任务之初，就要担负起对它的全部责任。对工作负责，就是对我们的人生负责，责任能激发潜能，也能唤醒良知，让我们在工作和生活中表现得优秀而卓越。

精准落实：解决问题见成效

"不可能"就是用来挑战的

每个人身上都有无限的潜能，但这种潜能在平常状态下很难发挥出来，需要一定的条件才能够爆发。这个条件，就是敢于挑战自我，用最严苛的标准要求自己，相信自己可以抵达理想中的目标。韩非子说，志之难也，不在胜人，在自胜。敢于冒险是一种勇气，勇者永远值得敬畏。

作为军人，勇敢是必备的素质，如果一个军人丧失了勇气，他就不可能在战场上取得胜利。翻开中国试飞员的群英谱，有一个人总在"冒险"，并与诸多辉煌的时刻紧密相连——

国产歼-10战机主力试飞员，创造了该机最大飞行表速、最大动升限、最大过载值、最大迎角、最大瞬时盘旋角速度、最小飞行速度等六项惊人的纪录；中国试飞员中第一个掌握国产三角翼战机和某重型战斗机失速尾旋试飞技术的人，填补了我国试飞领域的空白。

5年的时间里试飞国产新型战机高难科目61个，其中一类风险科目高达57个；中国试飞员中第一个驾驭苏-27战机的人，飞出了高难特技动作"眼镜蛇机动"，是迄今为止完成该动作最多的中国试飞员。

成功处置15次空中险情、5次空中重大险情；先后荣立军队一等功1次，二等功6次，三等功7次；荣立中国航空工业集团一等功4次，二等功5次，三等功6次；我国3名国际试飞员之一，安全飞行3150小时；荣获国家科技进步特等奖2次，"空军飞行人员金质荣誉奖章"2次；2007年被中央军委授予"英雄试飞员"荣誉称号；2017年7月被中央军委授予"八一勋章"。

他，就是空军指挥学院原训练部副部长李中华。

正是敢于向"不可能"挑战，才让李中华练就飞天神技。工作本领不是与生俱来的，只有在复杂严峻的任务中经风雨、见世面、壮筋骨，才能真正锻造成为烈火真金。面对艰难复杂的工作，要想使之精准落实，最不应该缺少的就是挑战"不可能"的勇气，知难而进、敢于斗争、攻坚克难，振奋干事创业的精气神，方能在危机中育先机、于变局中开新局。

人们通常会有一个普遍的弱点，就是用"不可能"作为回避困难的理由。事实上，根本没有什么不可能的事情，所有的"不可能"都只是欺骗自己的借口。只要肯充分发挥自己的潜力，敢做别人认为不能做、不可能做的事，就已经成功了60%。那些看似"不可能"完成的工作，很多只是被人为地"夸大"了。当你静下心去分析它、梳理它，将其"普通化"之后，往往都能找到合适的解决方案。

话虽如此，依然有员工说："这些成功人士的故事，确实挺激励人心的。可事后想想，我就是一个普通人，没有人家那样的能力啊！"言外之意就是，世界上所有伟大的成就，都是由"伟人"创造的，是普通人难以企及的。

事实上，所有的人间奇迹，都是如你我一般的普通人创造的。人与人的能力差别是极其微小的，真正的差别在于思维和信念。在某些重要事件的转折点，成功的人可能就比他人多了"几分钟"的勇敢和执着。当大家都说"这件事根本不可能完成"时，别人都绕路走开了，敢于斗争者却一往无前，坚持去做了。结果，他成功了。

很多员工对高难度的任务，总是避之唯恐不及。从短期来看，避开重任可以暂时地获得"安全感"，不出任何错误，保住自己的工作；但从长远来看，这种行为却有极大的弊端。我们不妨用"跳蚤跳高"的实验来做个解释：

统计表明，一般跳蚤跳的高度可达它身体的几百倍，但如果把它放进玻璃瓶中，盖上盖子，让它在弹跳时不断地撞在玻璃盖上，它就会自动调节自己所跳的高度。不用多久，你就会发现，跳蚤再也不会撞击到盖子了，而是在盖子的下方来回地跳动。一段时间后，将玻璃盖子拿走，跳蚤不知道盖子已经去掉了，依然还在原来的高度跳跃。你会惊奇地发现，从此以后，这只跳蚤也只能在这个高度跳跃，无法跳出玻璃瓶了。

仔细想想：是跳蚤不具备跳出玻璃瓶的能力吗？显然不是。原因在于，它在经过多次碰撞后，心里已经认定了一个事实：这个瓶子的高度是自己无法逾越的，努力也是徒劳的。

工作的道理与之如出一辙。研究表明，新员工在第一年中承担的工作越富有挑战性，工作就越有效率、越有成绩，到了五六年以后仍是如此。如果总试图逃避艰难的工作，或是被一两次的失败吓倒，就会逐渐丧失挑战的勇气，认为自己再怎么做都不可能成功了，而甘愿过起平庸和失败者的生活。

想要实现从优秀到卓越的跨越，首先就得突破心理的瓶颈。

• 正视"不可能"的任务

艰巨的工作不是洪水猛兽，而是成长的契机。在处理问题的过程中，你可能要承受比别人更多的压力，做出比别人更大的奉献，经受比别人更严酷的考验，甚至会感到痛苦不堪。可你要知道，任何蜕变都是痛苦的，但它会使你的能力和经验迅速得到提升，让你的心态变得更加成熟。当人们身陷困境的关口，往往最能激发自己的潜能，迸发出全身的干劲，甚至做出连自己都吃惊的成就来，也使得自己的信心大大增强。

• 用成功的愿景去激励自己

接到一项高难度的任务时，不要总去想失败的后果，要去设想成功的喜悦。当你完成了这件棘手的事情后，你的能力、你的才华会被最大限度地挖掘出来。在积极心态的作用下，即便遇到了困难和阻碍，你也能冷静地去思考、去解决，无论成败，这种迎难而上的斗争精神都会被认同和钦佩。

• 过滤他人消极的言行

成功的路上，永远少不了否定的声音。如果有人告诉你，那是不可能做到的，那是领导的故意刁难，请过滤掉这些消极的言行。别人嘴里的"不可能"，也许就是你脱颖而出的机会。松下幸之助说："工作就是不断发现问题，最终解决问题的一个过程。晋升之门将永远为那些随时随地解决问题的人敞开着。"

世上没有不劳而获的事业，没有谁可以不经受磨难就能轻而易举地获得成功。做什么事情都会有阻碍和困难，但人的潜力是无穷的，许多看似无路的地方，只要肯寻找，总能够柳暗花明。

怀着积极的心态去挑战生命中的"不可能"吧！

大事就是把小事做细

工作如同一座雕像，最终呈现给世人的是美丽还是丑陋，都是由我们一手造成的。我们在工作中所做的每件事，就是一凿一凿雕刻的过程，每一凿看似都是平常的、不起眼的，可若都随随便便地糊弄，那么最后雕刻出来的就不可能是精品。

顾先生在一家外贸公司做业务经理。有一回，他负责一批出口枕头的贸易项目，流程进展得很顺利，可没想到这批枕头却被进口方加拿大海关扣留了。加拿大方认为枕头的品质有问题，提出退货的要求。

若真退货的话，公司的损失是巨大的，这让顾先生很着急。但他怎么也想不出来，到底是哪儿出了问题。在和加拿大进口方合作的过程中，枕头的面料、颜色都是通过打样和对方反复确认的，到底是什么原因让海关扣留了货物，甚至要求退货呢？

最后，经过了彻底的调查，顾先生才知道，原来问题出在了枕头的填充物上。负责这项工作的员工，压根没把填充物的作用当回事，就只顾着关注外包装了。由于没有跟制造厂商具体商量填充物的标准，制造商就在其中混入了一些积压的原料，导致填充物中出现了小飞虫。

这一细节的疏忽，给公司造成了不小的经济损失，名誉上也受到了影响，让客户觉得公司做事不可信、不够诚实，将来再想与该公司合作，难度很大。顾先生回头想想，若是当初考虑到这个细节，亲自打开枕头看看，也许就能避免这样的结局。整件事情，从下属到管理者都是有责任的，至少在观念上没有把细节当回事。

洛克菲勒曾说："当听到大家夸一个年轻人前途无量时，我总要问：'他努力工作了吗？认真对待工作中的小事了吗？他从工作细节中学到东西了没有？'"这样问的原因，是因为他深谙一个道理：一个人学历再高，若是工作不认真，不把判断力、逻辑推理能力和专业知识跟具体的细节联系起来，终将一事无成。

有一家公司对外招聘业务员，开出的薪资待遇非常诱人。在诸多的应聘者中，有一个年轻人条件相对优秀，他毕业于名校，有三年的业务经验。大概是有底气，所以在面试过程中，他表现得非常从容，也很自信。

考官问他："你在原来的公司做什么工作？"

"做花椒贸易。"

"以前花椒的销路很好，但近几年国外的客商却不愿意要了，你知道为什么吗？"

精准落实：解决问题见成效

"因为花椒的质量不行了。"

"你知道为什么质量不行了吗？"

年轻人想了想，说："肯定是农民在采集花椒的时候，不够仔细。"

主考官看了看他，笑着答道："你说错了。我去过花椒产地，采集花椒的最佳时间只有一个月。太早了，花椒还没有成熟；太晚了，花椒在树上就已经爆裂了。花椒采好后，要在太阳底下暴晒一整天，如果晒不好，就不能成为上等品。近几年，很多农民为了省事，就把采集好的花椒放在热炕上烘干。这样烘出来的花椒，从颜色上看跟晒过的花椒差不多，可是味道却完全不一样。做一个好的业务员，一定得重视工作中的各个细节。"

很多人热衷于知名品牌，虽然这些品牌产品的价格比其他普通品牌的产品价格高出数倍，但依然有人趋之若鹜，为什么？我们看看那些知名品牌产品的细节之处便知原因：POLO皮包始终坚持"一英寸（2.54厘米）之间一定缝满8针"的细致规格，这份近乎执拗的认真精神令人动容，也使得它在皮包行业一直是佼佼者；瑞士的顶级钟表都是工匠一个零件一个零件地打磨而成。钟表工匠对每一个零件、每一道工序、每一只钟表都精心打磨、细心雕琢。工匠们的眼里，唯有对质量的精益求精、对完美的孜孜追求、对细节的一丝不苟……它们的成功，都是在那些毫不起眼的细节处抓住了消费者的心，并赢得了好口碑。倘若是偷工减料、敷衍糊弄，那么做出来的东西就可能会存在质量问题，白白毁掉一个好品牌。

在工作中，对细节的关注能够确保每一步都按照预期进行，减少因误解或疏忽而导致的偏差和错误。这有助于保持整体方向的正确性，确保计划的精准落实。通过对细节的精细管理，可以优化工作流程，减少不必要的重复劳动和浪费。这有助于提高整体效率，使计划能够更快、更准确地实现。

一个注重细节的组织或个人，往往能够给人以专业和严谨的印象。这有助于提升组织的声誉和可信度，从而更容易获得目标对象的信任和支持，帮助我们更好地完成工作。

对细节的关注还能够促进持续改进。在实施过程中，通过对细节的反馈和分析，可以发现潜在的问题和改进点，从而不断优化和完善计划，使其更加精准地满足目标对象的需求。

世上多少令人惊叹的发现，都是在一些小小的细节中获得的，多少天才也正是留意到了、把握住了这些细节，才使得他们不同寻常。若说成功有什么奥秘的话，那就在于以乐观积极的态度过好每一天，处理好每一件事情中的每一处细节。只有认真、用心的人，才能赢得机遇；珍视细节，就是在珍视一个个美好的机遇、一个个成功的阶梯。

重点思维，要事为先

一位时间管理专家为商学院学生讲课。他拿出一个广口瓶，并把一堆拳头大小的石块放进瓶里。当石块高出瓶口后，他问学生们："瓶子满了吗？"

精准落实：解决问题见成效

学生们回答道："满了。"

时间管理专家便又拿出一些小石头倒进瓶中，并敲击玻璃瓶壁使砾石填满下面石块的间隙。"现在瓶子满了吗？"他第二次问道。

"可能还没有。"有些学生应道。

"很好！"专家又拿出一桶沙子，慢慢倒进玻璃瓶。沙子填满了石块和砾石的所有间隙。他又一次问学生："瓶子满了吗？""没满！"学生们大声说。

"是的。"接着他拿过一壶水，倒进玻璃瓶直到水面与瓶口平。

时间管理专家抬头看着表情不一的学生，说："这个例子告诉我们，如果你不是先放大石块，那你就再也不能把它放进瓶子里。"

同样的空间，放置东西的先后顺序不同，结局就大相径庭；同样的时间，工作安排的顺序不同，结果也千差万别。所以，在工作和生活中，培养重点思维很重要。它意味着你是不是能先把"大石块"放进瓶子里。在解决问题、应对挑战时，抓住矛盾的重点，采取合适的措施，才能让我们在竞争中占据上风。

培养重点思维，可以从以下两个方面着手。

● 坚持"要事第一"原则

"要事第一"是指我们在平时工作中要善于发现决定工作效率的关键事，在第一时间解决排在第一位的问题。著名逻辑学家布莱克斯说："把什么放在第一位，是人们最难懂得的。"永远做最有价值的事，养成要事第一的习惯，这将成为你领先同侪的法宝。

曾经的美国第二大钢铁公司伯利恒钢铁公司成立之初，只是由联合铁厂和其他几家小公司合并组成的小钢铁厂。据说，当时公司的创始人查尔斯·施瓦布曾向效率专家艾维·利请教"如何更好地执行计划"。

艾维·利说："好！我10分钟就可以教你一套至少提高效率50%的最佳方法。"

"把你明天必须要做的最重要的工作记下来，按重要程度编上号码。最重要的排在首位，以此类推。早上一上班，马上从第一项工作做起，一直做到完成为止。然后用同样的方法对待第二项工作、第三项工作……直到你下班为止。即使你花了整天的时间才完成了第一项工作，也没关系。只要它是最重要的工作，就坚持做下去。每一天都要这样做。在你对这种方法的价值深信不疑之后，让你公司的人也这样做。"

"这套方法你愿意试多久就试多久，然后给我寄张支票，并填上你认为合适的数字。"

施瓦布认为这个思维方式很有用，不久就填了一张25000美元的支票寄给艾维·利。5年后，伯利恒钢铁公司从一个鲜为人知的小钢铁厂一跃成为大型的钢铁生产企业。人们普遍认为，艾维·利提出的方法功不可没。

多年以后，施瓦布还常对朋友说："我和整个团队坚持只拣最重要的事情去做，我认为这是我的公司多年来的最有价值的一笔投资！"

艾维·利的方法，用一句话概况，就是先做重要的事。因为人的时间和精力是有限的，如果过分在小事上劳心费神，就会荒废了大事。长此以往，就会荒废整个人生。

"要事第一"的观念如此重要，但却常常被我们遗忘。我们必须让这个重要的观念成为一种工作习惯。每当一项新工作开始时，我们都必须首先让自己明白什么是最重要的事，什么是我们应该花最大精力去重点做的事。

然而，我们常犯的一个错误是把紧迫的事情当作最重要的事情。而实际上，紧迫只是意味着必须立即处理，但它们往往不是很重要的。比如电话铃响了，尽管你正忙得焦头烂额，也不得不放下手边的工作去接听。所以，要坚持"要事第一"，就要学会分清要事的重要性。

● 分清要事的重要性

重要的事情通常是与目标有密切关联的并且会对你的使命、价值观、优先的目标有帮助的事。这里有5个标准可以参照。

（1）完成这些任务可使我更接近自己的主要目标（年度目标、月目标、周目标、日目标）。

（2）完成这些任务有助于我为实现组织、部门、工作小组的整体目标做出最大贡献。

（3）我在完成这一任务的同时也可以解决其他许多问题。

（4）完成这些任务能使我获得短期或长期的最大利益。

（5）这些任务一旦完不成，会产生严重的负面作用：生气、责备、干扰等。

根据紧迫性和重要性，我们可以将每天面对的事情分为四类：重要且紧迫的事；重要不紧迫的事；紧迫但不重要的事；不紧迫也不重要的事。

只有合理高效地解决了重要而且紧迫的事情，你才有可能顺利地进行别的工作。而重要但不紧迫的事情要求我们具有更多的主动性、积极性、自觉性，早早准备，防患于未然。剩下的两类事或许有一点价值，但对目标的完成没有太大的影响。

你在平时的工作中，把大部分时间花在哪类事情上？如果你长期把大量时间花在不重要但紧迫的事情上，可以想象你每天的忙乱程度：一个又一个问题会像海浪一样冲来，而你十分被动地一一解决。长此以往，你早晚有一天会被这种生活方式击倒、压垮。

可以说，如果你长期把大量时间花在不重要但紧迫的事情上，很遗憾，你将一事无成。因为这些事情对你的主要目标来说并不重要，它们除了浪费你很多时间以外，还从另一个方面证明你是一个无法实现自我管理的人。

只有重要而紧迫的事才是需要花费大量时间去做的事。它虽然并不紧急，但决定了我们的工作业绩。80/20法则告诉我们：应该用80%的时间做能带来最高回报的事情，而用20%的时间做其他事情。取得卓越成果的员工都是这样把时间用在最具有"生产力"的地方。

所以，我们要养成做"要事"的习惯，对最具价值的工作投入充分的时间。这样，工作中重要的事不会被无限地拖延，而工作对你来说也就不会是一场无止境、永远也赢不了的赛跑，而是可以带来极大成就感和满足感的旅行。

精准落实：解决问题见成效

处处留心皆学问

爱默生说，细节在于观察，成功在于积累。仔细观察工作生活中的微小事物，并对其进行理性思考，就是事业及人生的成功秘诀。

古代蜀地非涝即旱，有"泽国"之称，蜀地人民世世代代同洪水做斗争。秦惠文王时，秦国吞并蜀国。为了将蜀地建成其重要基地，秦国决定彻底治理岷江水患，秦昭王派精通治水的李冰担任蜀地太守。

李冰到蜀地后，亲眼看到当地灾情的严重：发源于成都平原北部岷山的岷江，两岸山高谷深，水流湍急；到灌县附近，进入一马平川，水势浩大，往往冲决堤岸，泛滥成灾；从上游挟带来的大量泥沙也容易淤积在这里，抬高河床，加剧水患；特别是在灌县城西南面，有一座玉垒山，阻碍江水东流，每年夏秋洪水季节，常造成东旱西涝。李冰到任不久，便开始着手进行大规模的治水工作。

治水首先需要筑堰，可是筑堰的方法实验了多次，都失败了。有一天，李冰到山溪里察看地势，发现有一些竹篓，里面放着要洗的衣服。李冰大受启发，他让人编好大竹篓，装进石块，再把竹篓连起来，一层一层放到江中，在江中堆起了一道大堰，两侧再用大石加固，笼石层层累筑，既可免除堤埂断裂，又可利用石块间空隙减少洪水的直接压力，从而降低堤堰崩溃的危险，一道牢固的分水堰终于筑成了。

这就是著名的水利工程"都江堰"。机遇只偏爱有准备的头脑，李冰正是因处处留心才建成了都江堰。几千年来，该工程为成都成为"天府之国"奠定坚实的基础，李冰父子也永远被后人铭记。

法国昆虫学家法布尔有一次在森林中得到了一个很大的蛹，带回住处不久，蛹孵化出了一头雌蛾。当天夜里，雄蛾们就从很远的森林里飞来，往窗玻璃上撞。法布尔想，雄蛾从几千米外的森林里飞来，一定是收到雌蛾的某种信息。他很想知道雌蛾是用什么办法传递自己的信息，雄蛾又是怎么找到雌蛾的。

于是，法布尔开始了多角度的观察。他先用纸把雌蛾挡了起来，雄蛾虽然看不到雌蛾，但还是很快找到了它。这说明雄蛾不是靠眼睛发现雌蛾的。

接着，法布尔又把雌蛾用玻璃罩罩起来，雄蛾看得见雌蛾，但是闻不到雌蛾的气味。结果，雄蛾很茫然，不知道雌蛾在哪里。

法布尔又用一些干净的棉花在雌蛾身上擦了一下，雄蛾们马上会聚到棉花上，好像棉花就是雌蛾一样。

通过这些观察，法布尔得出结论，雄蛾是靠雌蛾身体发出的气味而找到雌蛾。这种气味就是昆虫的性信息。

现在，科学家已经能合成一些雌性昆虫的性信息素，利用这种信息素，可以诱杀雄虫；也可以用信息素"冒充"雌虫，使雄虫不再去找真正的雌虫，从而起到减少虫害的效果。但是，由昆虫信息素引发

精准落实：解决问题见成效

的这一系列用途，归根到底，源于法布尔不同于常人的敏锐观察。

无论是李冰修都江堰，还是法布尔观察昆虫，都是因关注身边的小事、留心周围的细节而成功的。我们的很多工作要想精准完成，需要我们留心观察工作的方方面面，找到工作要点、突破点。当然，仅仅观察是不够的，还需要将观察到的东西进行思考、总结，上升为理论成果或应用到实践中去，这就需要在工作中多想几步。

人与人的差距，更多体现在思想方法上，虽然初始时就那么一点点，但日积月累就越拉越大，所以发现差距及时总结，方能迎头赶上。

人要善于观察、学习、思考和总结，仅仅靠一味地苦干，埋头拉车而不抬头看路，结果常常是原地踏步，明天仍旧重复昨天和今天的故事。

成功需要很高的悟性与洞察力，面对差距和挑战，及时调整心态，增强自己的独立思考、多谋善断、随机应变的能力。

走少有人走的路

没有学习与创新，人生必将波澜不惊。

如果你是一个探险家，被困在了茫茫雪山中，食物耗尽，精疲力竭。你靠着仅有的设备与外界取得了联系，寻求援救。可是在茫茫雪海里寻找一个人难度太大了，警方出动了数架直升机，还是没能寻觅到你的踪影。在"弹尽粮绝"的情况下，你获救的希望变得越来越渺茫，面对这样的现实，你该怎么办？

事实上，这不只是一个假设的问题，而是一个真实的案例。

那位被困在雪山上的探险家，最终选择了割肉放血！但他不是要自杀，而是用这种可能会加速死亡的方式引得救援人员的注意，鲜血染红了雪地，在白茫茫的视野中格外显眼。最终，在似乎绝望的困境中，他获救了。

在面临困难的处境时，不能因循守旧、墨守成规、停步不前，要敢于打破常规、解放思想、大胆创新，才有可能创造出新的生机。创新，既是一条生存法则，亦是一条成功智慧。

现代人才的竞争十分激烈，如何才能在众多员工中脱颖而出？如何能紧跟时代的步伐，不被社会淘汰？如何才能在职场中百战百胜，笑傲风云？现实的经验告诉我们：创新！

何谓"创新"？那就是人无我有、人有我优、人优我改！对于员工来说，"创新"意味着打破现有的僵化工作模式，打破经验主义和教条主义，遇到问题多动脑，冲破旧的思路，大胆地开辟新方法、新路径，唯有这样才能做出精品、超越他人，成就企业，成就自己。

哈罗啤酒厂位于布鲁塞尔东郊，无论是厂房建筑还是车间生产设备，都与其他啤酒厂没什么区别。唯一不同的是，这家啤酒厂有一个出色的销售总监杰克，他曾经策划的啤酒文化节轰动了欧洲，如今依然在多个国家盛行。

杰克刚进厂时还不满25岁，他相貌平平、家境贫寒，一直担心自

精准落实：解决问题见成效

己找不到对象。当他喜欢上了厂里的一个优秀女孩并鼓起勇气表白时，对方却说："我不会看上你这样平庸的男人。"这句话深深刺痛了杰克的自尊心，他发誓要做出一点儿非凡的事情来，证明自己不是无能之辈。可是，至于具体能做点儿什么，他并没有理出头绪。

当时的哈罗啤酒厂效益不太好，虽然也想在电视或报纸上做广告，可因销售的不景气根本拿不出这笔资金。杰克多次建议工厂到电视台做一次演讲或广告，都遭到了拒绝。无奈之下，杰克决定大胆一次，做自己想做的事。

很快，杰克贷款承包了厂里的销售工作，当他正为如何做一个省钱的广告发愁时，他不知不觉走到了布鲁塞尔市中心的于连广场。那天恰好是感恩节，虽然已是深夜，可广场上依旧热闹非凡，场中心撒尿的男孩铜像就是因挽救城市而闻名于世的小英雄于连。人们围绕着铜像尽情地欢乐，一群调皮的孩子用自己喝空的矿泉水瓶去接铜像里"尿"出来的自来水，然后相互泼洒。看到眼前的这幅景象，杰克萌生出一个奇思妙想。

第二天，路过广场的人们发现，于连的"尿"和往常不太一样，它不再是清澈的自来水，而是成了色泽金黄、泡沫泛起的"哈罗啤酒"，铜像旁边有一个大广告牌，上面赫然写道"哈罗啤酒免费品尝"。大家觉得新鲜有趣，纷纷拿着瓶子、杯子排成长队去接啤酒喝。

这个新奇有趣的事件惊动了媒体，电视台、报纸、广播电台争相报道。就这样，杰克没有花费一分钱，就让哈罗啤酒上了报纸和电视。这一年度，哈罗啤酒的销售量、产量大增，比往年跃升了18倍。

企业家爱德华曾说:"没有创新精神的人是可悲的,他们其实毫无用处。"

听起来似乎有点儿绝对,但它在某种程度上也折射出一个道理:老板喜欢有创新精神的员工,企业需要创新精神。尽管那些服从命令、按部就班的员工具备踏实忠厚的品质,但他们在工作中缺乏主动精神,没有自己的想法,无法给企业带来飞跃性的转折;那些自动自发、有独立思考能力、善于创新的员工,在遇到问题时习惯从另一条路去找方法,纵然不能做到屡次都成功,却让企业有了不同的尝试,给领导或其他员工带来启发。

美国的3M公司,是世界著名的产品多元化跨国企业。在3M公司,流传着一句非常有趣的话:"为了发现王子,你必须和无数个青蛙接吻。""与青蛙接吻"的寓意是什么?就是错误和失败。

这句话迎合公司的一项"工程师自主研究"的制度。谁都知道,研发的过程就是不断地探索和创新,期间不免会遭遇各种阻碍和失败,犯各类错误,但其领导人说:"在3M公司,你有坚持到底的自由,也就是意味着你有不怕犯错、不畏失败的自由。"一个项目失败了,领导层从未考虑过如何惩罚员工,而是让他们在错误中成长,等到下一个项目时,能够巧妙地规避同类错误,增加成功的砝码。

曾经,公司的一位高级负责人,试图尝试开发一种新产品,但中途发生了意外,给公司造成了1000万美元的损失。当时,很多人对他的做法都感到不满,甚至有人提出要将其开除。然而,公司的董事长却认为，这次错误不过是创新的"副产品"，是可以被原谅的。如果继续给他工作的机会，他的进取心和才智可能会超过没有经受过挫折的人，相比那些害怕失败而不敢创新的人来说，这样敢于犯错的员工更显珍贵。

在董事长的信任和鼓励下，这位创新失败的高级负责人不但没有被开除，反而更加受重视。汲取了上次失败的教训，他重新进行实验开发，最终获得了成功，为公司做出了卓越的贡献。

这种宽容错误和失败的心态，从高层领导一直传递到最底层的员工。多年来，3M从来没有因为"员工希望多做点儿事情，结果没有做好"而惩罚他们，而那些庸庸碌碌，麻木地"做一天和尚撞一天钟"的人，却是裁员时的首选。

创新精神不是与生俱来的，创新能力也不可能像神话中所描绘的那样会在某天早上突然降临到你的身上，它与个人的工作方式密切相关，是逐渐培养起来的。

• 充分发挥想象力

一个建筑公司的员工找经理报销买小白鼠的钱，经理百思不得其解。员工告知，前两天装修的房子需要更换电线，而电线在一根直径只有2.5厘米、长10米的管道里，且管道被砌在砖墙里，还拐了4个弯，靠人来穿线几乎是不可能的。于是，他买了两个小白鼠，一公一母，把一根线绑在公鼠身上，并把它放到管子的一端；把母鼠放在管子的另一端，想办法逗它叫，吸引公鼠向它跑去。公鼠沿着管道奔跑时，系在它身上的那根线也就被拖进了管道。

没有解决不了的问题，只有不肯想办法去解决的人。在面对一些无法按照常规模式解决的问题时，就要充分发挥想象力，用特别的方式去处理。要丰富想象力，平日里就要多读书，开阔视野，积累知识。

● 走少有人走的路

爱因斯坦在苏黎世联邦大学读书时，曾问自己的导师闵可夫斯基："我怎么做才能在科学界留下自己的光辉足迹？"闵可夫斯基一时间不知如何作答，直到三天后，他把爱因斯坦拉到了一处建筑工地，不顾工人的呵斥，踏上了刚刚铺平的水泥路，并说："只有未被开垦的领域，只有尚未凝固的地方，才能留下脚印。那些被前人踏过无数次的地面，别想再踏出属于你的路来。"

这句话让爱因斯坦如梦初醒，在后来的科学之路上，他一直留意着别人未曾在意过的东西，对诸多传统说法提出质疑，大胆创新，最终在人类的科学史上留下了自己的足迹。

循着别人走过的路，很难留下自己的脚印，只有勇敢地去怀疑和实践，走少有人走的路，才能发现未知的领域，有不一样的收获。

● 不要被经验束缚

经验是一座宝藏，可以为人们提供智慧，但经验不是绝对的，在有些情况下非但不奏效，还可能会束缚人的思维。在遇到一些棘手的难题时，应当参考过去的经验，但不要被经验捆绑，在经验无法提供帮助时，就要打破经验，寻找解决问题的新途径。

• 换个角度思考问题

圆珠笔刚问世时，芯里装的油比较多，往往油还没用完，小圆珠就被磨坏了，弄得使用者满手都是油，很狼狈。为了延长圆珠笔的使用寿命，人们尝试用不少特殊材料来制造圆珠，可问题依然没能得到解决。就在这时，有人转变了思路，把笔芯变小，让它少装些油，让油在珠子没坏之前就用完了。于是问题顺利得到解决。

当你绞尽脑汁也想不出对策的时候，不妨换一个角度去思考。在某些时候，换一种思维，换一个角度，就会有不一样的发现。工作时，多思考你从没想过的解决办法，就可能大大提高工作效率。

说了这么多道理和方法，就是希望每一位员工都能走出囚禁思维的栅栏，突破思维定式。世上没有一定成功的事，也没有注定失败的事，只要你大胆地迈出第一步，敢做一个不向现实妥协而积极创新的人，你会离成功越来越近。

第七章 精准思维，工作落实落细

或许人们的一切问题，都是思维方式与自然运行方式之间的差距

第八章
精准落实工具箱

5-WHY分析法

很多时候,工作中我们无法彻底解决问题,是因为没有触及问题的本质。

有一次,通用汽车公司下属汽车制造厂的总裁收到客户寄来的一封信,对方在信中抱怨说,他新买的通用的汽车,只要从商店买香草冰淇淋回家就无法启动,如果买其他种类的冰淇淋就不会出现这样的问题。有人觉得,这问题不在车子本身,可能是香草冰淇淋的问题。

制造厂总裁对这封信说的事也感到费解,想不出什么好的解决策略,就只好派一名工程师前去查看。当晚,工程师就随着这个车主去买香草冰淇淋,果然在返回时车子无法启动了。工程师百思不得其解,回去向总裁汇报说问题确实存在,但一时间还无法确定是什么原因导致的。

在总裁的嘱托下,工程师随着车主一连两个晚上都去买冰淇淋。

精准落实：解决问题见成效

车主分别买了巧克力和草莓两种口味的冰淇淋，结果车子都可以正常启动。可到了第三个晚上买香草冰淇淋时，车子又跟原来一样，出现了发动机熄火的现象。虽然工程师没有找到真正的原因，但他敢肯定绝对不是香草冰淇淋引发的问题。

这件事情引起了汽车制造厂的关注，总裁要求工程师一定要查明原因。在几次随车主外出的过程中，工程师对日期、汽车往返的时间、汽油类型等因素都做了详细的记录。最后，工程师发现了一些关键的线索：问题可能与买冰淇淋所花费的时间长短有关。

香草冰淇淋只是一个偶然的因素，因为它是最欢迎的一种口味，售货员为了方便顾客，直接把它放在货架前，买的人如果需要，用最短的时间就可以买到，而这个时候汽车的引擎还很热，无法使水箱产生的蒸汽冷却下来。如果买其他冰淇淋的话，时间相对长一些，汽车可以充分冷却以便启动，所以就不会出现发动机熄火的情况。

为什么车子停很短的时间就无法启动呢？经过工程师的进一步调查研究发现，问题出在"蒸汽锁"上。虽然这是一个很小的细节，技术难度也不大，可却严重影响了客户的使用。经过反复思考，工程师终于解决了这个问题。

《麦肯锡传奇》里有这样一段描述："企业倒闭最常见的原因不是因为对正确的问题提出了错误的答案，而是因为对错误的问题提出了正确的答案。太多的企业一次次做出看似最佳但却是建立在错误假设之上的决策，结果一点一点地把自己逼进了死路……麦肯锡要帮助客户免遭倒闭的厄运，就必须要找准问题……"可见，精准地找到问题，才能精准地解决难题。

道理易懂，难的是遇到实际的难题时，怎样做才能够找准问题。

在探寻问题本质的时候，我们经常会用到5-WHY分析法。这种方法最初是由丰田佐吉提出的，是指对一个问题连续多次追问为什么，直到找出问题的根本原因。

日本丰田汽车公司，曾经借助这一方法解决了机器停机的问题。

当时，丰田工厂的一些机器会突然停止工作，有些是因为机器老化或故障，但更多的还是因为一些小问题，如电闸的保险丝断了。照理说，保险丝断了不是什么大事，换一根就好了，也花费不了多少钱，可对于大规模流水化作业的工厂来说，造成的损失可不仅仅是一根保险丝的价值，它很可能会导致一天的产量任务无法完成，甚至不得不让一些岗位的员工停下来等待。

有一天，丰田汽车公司的一台生产配件的机器在生产期间突然停了。经过检查发现，问题依然是保险丝引起的。正当一名工人拿出一根备用的保险丝准备去换的时候，一位管理者看到了，便借助5-WHY分析法来解决这个问题。

问："机器为什么不运转了？"

答："因为保险丝断了。"

问："保险丝为什么会断？"

答："因为超负荷导致的电流过大。"

问:"为什么会超负荷？"

答:"因为轴承不够润滑。"

问:"为什么轴承不够润滑？"

答:"因为油泵吸不上来润滑油。"

问:"为什么油泵吸不上来润滑油？"

答:"因为油泵产生了严重的磨损。"

问:"为什么油泵会产生严重的磨损？"

答:"因为油泵没有装过滤装置而使铁屑混入。"

看，只是一段简短的问答，却找出了事故的真正原因。接下来，在油泵上装上过滤器，就不会再导致机器超负荷运转，也不会经常地烧断保险丝，继而保证机器正常运转。如果当第一个"为什么"解决后，就停止了追问和思考，认为问题已经解决了，那么不久后保险丝依然会断，问题还会反复地出现。

在使用5-WHY法时要注意，虽然名为"5-WHY"，但在使用时并不限定只做5个"为什么"的探讨，也许是6个、8个或者更多。原则是：不断追问下去，直到问题没有意义。

5-WHY分析法看起来似乎很简单，只需不断地询问"为什么"，但在实际操作时却不是每个人都能掌握要领，能够借助提问获得真正有价值的信息。

应用5-WHY分析法要掌握以下原则：

原则1：询问和回答要在限定的流程范围内，要有具体的因果关系。

原则2：要朝着解决问题的方向进行分析。

原则3：要多寻找可控因素，能从中找到行动方向。

原则4：刨根问底并不等同于钻牛角尖。

5-WHY分析法是一种从表象问题寻找根本原因的逆向推理分析法，它将问题原因的探索触达深层次，且有所侧重，不断地提问为什么前一个事件会发生，直到问题的根源归结为人的行为或一个新的故障模式被发现，才停止分析。这种方法看似简单，其实背后是事物发生的严密的因果链。只有找到严密的因果逻辑链，才能真正地解决问题。

逻辑树

在分析问题的时候，经常会用到"逻辑树"，这是一种严谨的推理方法。

无论一棵树的枝叶多么繁茂，只要我们顺着每一根枝条向下去追寻，最终都会追寻到同一个树干上。"逻辑树"的方法，就是根据树的生长方式推理总结出来的。

影响事情发展的因素有很多，它们就像是大树繁茂浓密的枝叶，将问题的根本原因遮住。当我们先对问题本身进行界定，然后将问题的结构罗列出来，再剔除对问题影响不大的因素，最后留下来的就是对问题影响最大的因素，也就是树的主要枝干了。这样一来，就能够清晰地掌握问题的关键点，并找出最适合的解决策略。

精准落实：解决问题见成效

为什么"逻辑树"有利于解决问题？

"逻辑树"之所以有利于解决问题，在于它能够清晰可视地呈现问题，让所有人都能够理解问题的不同组成部分；应用得当的话，可以将所有相关内容都体现在逻辑树中；能够产生明确的假设，利用数据和分析进行测试。

实践中常用的"逻辑树"主要有三种类型：议题树、假设树、是否树。这三种"逻辑树"的结构是相似的，但有不同的使用前提，合理运用的话，对分析问题、解决问题大有益处。

• 逻辑树类型1：议题树

议题树的主要形式是，先提出一个问题，再将这一问题细分为多个与其有内在逻辑联系的副议题。当对问题不太了解，或是需要对问题进行全面的分解，确保不遗漏任何一方面时，比较适合采用议题树来进行分析和细化。

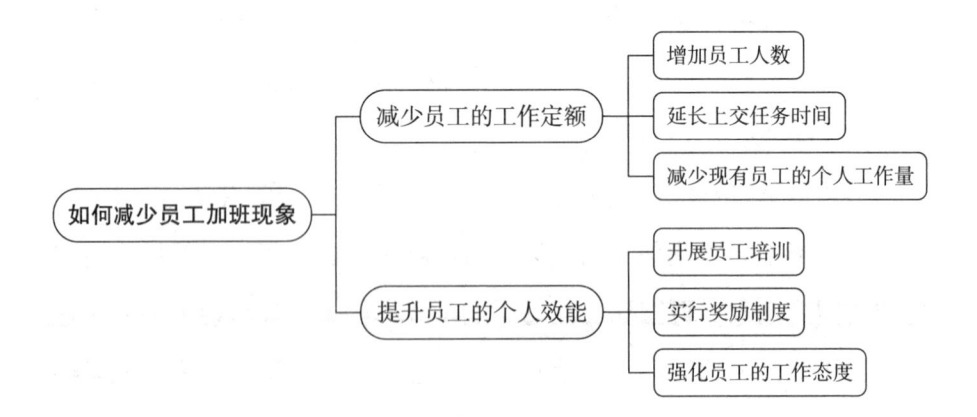

```
如何减少员工加班现象
├── 减少员工的工作定额
│   ├── 增加员工人数
│   ├── 延长上交任务时间
│   └── 减少现有员工的个人工作量
└── 提升员工的个人效能
    ├── 开展员工培训
    ├── 实行奖励制度
    └── 强化员工的工作态度
```

- 逻辑树类型2：假设树

假设树的主要形式是，先假设一种解决方案，然后利用已有的论据对该方案进行验证。在使用假设树时，最重要的一点是，提出的假设必须合理，且手中的论据必须能够对假设进行证明。通常来说，假设树的目的就是验证这一假设是正确的。

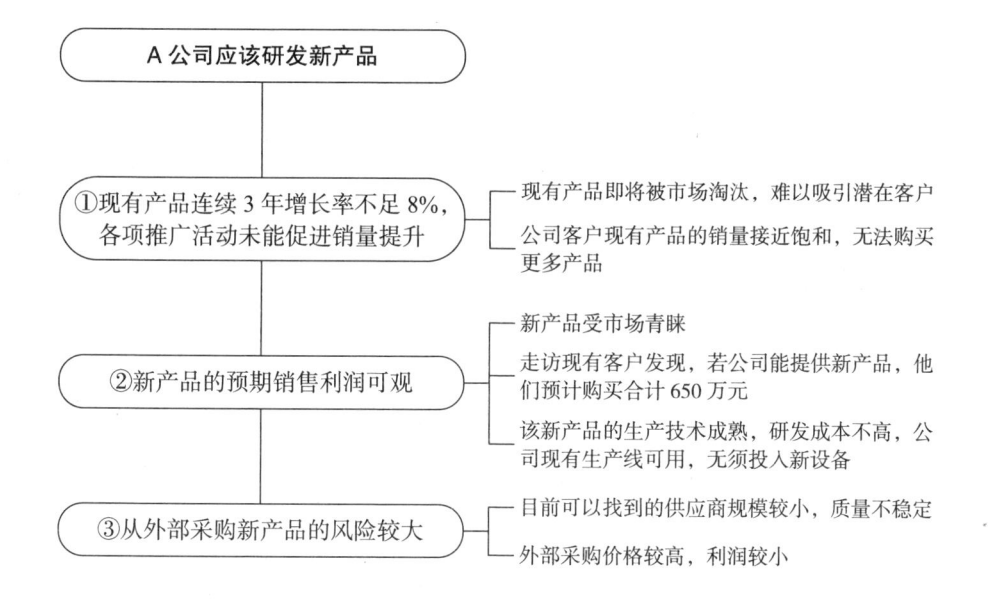

```
A公司应该研发新产品
├─ ①现有产品连续3年增长率不足8%，各项推广活动未能促进销量提升
│   ├─ 现有产品即将被市场淘汰，难以吸引潜在客户
│   └─ 公司客户现有产品的销量接近饱和，无法购买更多产品
├─ ②新产品的预期销售利润可观
│   ├─ 新产品受市场青睐
│   ├─ 走访现有客户发现，若公司能提供新产品，他们预计购买合计650万元
│   └─ 该新产品的生产技术成熟，研发成本不高，公司现有生产线可用，无须投入新设备
└─ ③从外部采购新产品的风险较大
    ├─ 目前可以找到的供应商规模较小，质量不稳定
    └─ 外部采购价格较高，利润较小
```

关于"A公司应该研发新产品"的假设，只要对3个层级的7个论点逐一进行验证，便能够证明这一假设是否合理。这种处理方式比议题树要快，适用于对情况有足够的了解，可以提出合理假设的情境。

- 逻辑树类型3：是否树

是否树的主要形式是，先提出一个问题，之后对这一问题进行判断分析，分析的结果只有"是"和"否"两种。如果答案为"是"，就

精准落实：解决问题见成效

可以应用事先准备好的标准方案；如果答案为"否"，就要根据具体情况进行下一轮的判断分析，再根据结果决定不同的答案，直至得出解决方案。

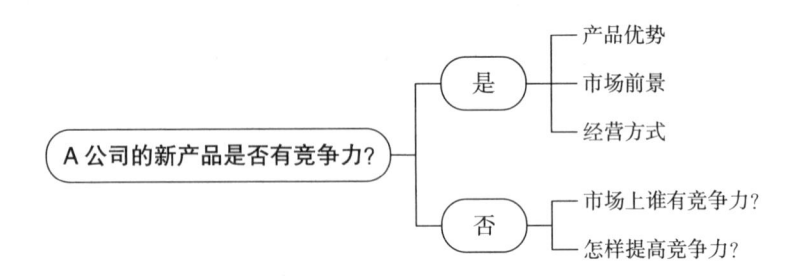

```
                            ┌─ 产品优势
                      ┌─是─┼─ 市场前景
A公司的新产品是否有竞争力？─┤    └─ 经营方式
                      │
                      └─否─┬─ 市场上谁有竞争力？
                            └─ 怎样提高竞争力？
```

是否树的特点是简单明了，在判定的过程中只需根据标准去衡量得到的结果是否符合即可。这一形式适用于对问题及其结构有足够了解的情境。

每一种逻辑树都有其适用的情境、适合的问题，所以，在应用逻辑树之前，要尽可能对问题的内容进行全面了解，将已知的所有要素弄清楚，然后再决定选择使用哪一种逻辑树。

"逻辑树"分析法最大的优势在于，将复杂的数据工作细分为多个关系密切的部分，不断地分析问题，帮助人们在纷繁复杂的现象中找出关键点，推动问题的解决。

SCQA架构

芭芭拉·明托是哈佛商学院历史上的第一批女学员之一，也是著名咨询公司麦肯锡有史以来的第一位女咨询顾问。就职于麦肯锡的十年间，明托逐渐摸索出许多解决问题的规律，其中以"金字塔原理"最为著名，这也是麦肯锡至今仍然在使用的主要分析框架之一。

明托认为：对事情本身而言，最重要的是结果，因而对于事情的思考应当以结果为导向，进行结构化、分层次的整理。最初，明托将金字塔原理运用在写作领域，她发现这一原理有助于写出结构严谨、条理清晰的文章，之后这一理论逐渐被运用到其他领域。

金字塔原理是一种逻辑思考方式，其中的核心部分以SCQA架构最为关键。

什么是SCQA架构？

SCQA是搭建问题解决方案的整体框架，是以下四个英文单词的缩写：

- S（Situation），情景——分析问题时，要将问题带入大家熟悉的场景，以便于理解。
- C（Complication），冲突——情景中存在的一个或多个矛盾冲突，且它们必须或最好由后面的A（Answer）来解决。
- Q（Question），问题——从上述的矛盾冲突中引出课题，即该如何解决。
- A（Answer），答案——提供可行的、有说服力的解决方案。

这些英文单词和解析，可能并不能让我们直观地了解SCQA架构，可如果看了下面的这则广告，你就会意识到SCQA的吸引力了。

精准落实：解决问题见成效

【情景 S】——头发老出油，还有头皮屑，哎！

【冲突 C】——肩膀上总是白白的一大片，人也变得不自信了！

【疑问 Q】——谁能帮我摆脱尴尬？

【答案 A】——不用担心，××帮你解决！

是不是很清晰，也很容易理解？没错，SCQA就是这样一套思考模式，通过场景导入的形式，带出冲突与疑问，通过逻辑化的说明呈现出核心问题，并提供可行的解决方案。无论遇到什么样的问题或状况，都可以运用SCQA勾勒出问题的全貌，并直指本质性的方案。

SCQA架构的四种模式

在SCQA架构中，【冲突C】是核心要素，围绕这个核心要素，可以灵活调整S、C、Q、A的顺序，从而呈现不同的点，产生不同的效果，【疑问Q】通常可以省略。

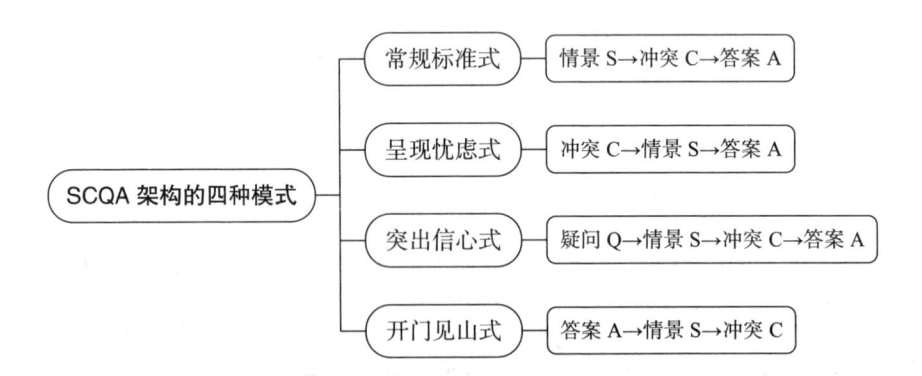

SCQA架构的四种模式		
常规标准式	情景 S→冲突 C→答案 A
呈现忧虑式	冲突 C→情景 S→答案 A
突出信心式	疑问 Q→情景 S→冲突 C→答案 A
开门见山式	答案 A→情景 S→冲突 C

SCQA架构的适用范围很广，写作、演讲、广告以及探讨解决方案都适用，遇到某些问题需要自我反思时，也可以借鉴这一模式。我们

来举一个贴合现实的应用案例：

【情景S】：每天刷手机的时间太长。

【冲突C】：工作效率低下，精神状态不佳。

【疑问Q】：刷手机消耗了大量的时间和精力，我要怎么改变？

【答案A】：把休闲娱乐的APP放置在一个文件夹里，设置中午12:00—13:00、晚上7:00—8:00为集中查看的时间，其他时间有意识地提醒自己不要打开这一文件夹，把时间精力用在更有价值的事情上。

总而言之，SCQA架构是一种以结果为导向的分析策略，其实质是富有逻辑的思维方式。运用这种方法，能够为整个问题的解决提供一条清晰又简便的逻辑主线，剔除无用的信息，节省分析问题的时间和精力，帮助我们准确地对问题进行定位。

MECE法则

MECE的全称是Mutually Exclusive Collectively Exhaustive，意思是"相互独立、完全穷尽"，即所谓的"无重复、无遗漏"。这是芭芭拉·明托在《金字塔原理》一书中提出的重要原则，要求将某个整体划分为不同的部分时，必须保证划分后的各部分符合两点要求，即"各部分之间相互独立""所有部分完全穷尽"。

MECE原则在分析解决问题，或是对复杂事物进行分门别类时，凸显着特别的优势。只有做到不重复、不遗漏，我们思考问题才能更系统、更全面。

精准落实：解决问题见成效

MECE 分类的五种方式

- MECE 分类法
  - 二分法
    - 运动员
      - 男运动员
      - 女运动员
    - 人类
      - 男人
      - 女人
  - 流程法
    - 景泰蓝的制作
      - 做胎
      - 掐丝
      - 烧制
      - 点蓝
      - 烧蓝
      - 打磨
      - 镀金
  - 公式法
    - 销售额
      - 单价
      - 数量
  - 矩阵法
    - 四象限 2×2 矩阵
      - 重要紧急
      - 重要不紧急
      - 不重要但紧急
      - 不重要不紧急
  - 要素法
    - 图书馆
      - 服务区
      - 藏书区
      - 阅览区
      - 借阅区
      - 活动区
      - 办公区

运用MECE原则分类的四个步骤

- Step1：确定问题的范围

使用MECE原则时，先要识别当下所遇到的问题是什么，以及想要达到什么样的目的。这个范围决定了问题的边界，避免漫无目的，让逻辑变得混乱。

- Step2：寻找合适的切入点

好的分类是从寻找切入点开始的，就是确定你准备按照什么原则进行分类，或者说划分的标准是什么。比如，是按时间先后分，还是按事情的大小分？是按内容的重要性分，还是事情的紧迫度分？如果实在找不出分类的切入点，可以试试最简单的二分法。

- Step3：整个结构最好控制在三个层级之内

找出大的分类后，可以继续用MECE进行细分。比如：男性和女性，还可以按年龄、职业、收入、居住区域等要素进一步细分。但是，分类过细将带来结构级别的增多，级数越多，检索和浏览的效率就会越低。所以，整个结构最好控制在三个层级之内。

- Step4：检视是否有重复或遗漏

MECE原则最大的优势就是，可以让思考更结构化，不重复，不遗漏。分完类之后必须好好地检视，查看是否有明显的重复或遗漏。

通过上述四个步骤，面对再烦琐的问题、再庞杂的资料，都能够建立起逻辑框架，继而将问题拆解开来，并最终解决。MECE在概念上并不算难，但需要在日常工作和生活中不断进行专门练习，才能实现灵活地运用。

在运用MECE原则时，要始终记住分类拆解的目的是什么，不能为了拆解而拆解；对同一事物，可以从不同的维度去分类拆解，但要保证同一层级在类别或属性上保持一致。

3C分析法

假设有一家日本汽车制造商，为了节省成本，决定采取"取消热销车型国内生产线，全面转向亚洲新兴国家生产"的战略。选择做这样的决策，是因为该制造商认为，竞争车型是在日本国内生产的，热销车型在亚洲新兴国家生产的成本优势巨大，对客户来说它是省油小型车的首选，所以就算不在国内生产，销售也不会出现太大的变动。

结果真的和制造商预想的一样吗？很遗憾，结果是原本热销的车型直接跌出了销量前十名。在客户看来，亚洲新兴国家生产的产品在质量上不如国产车，所以这家公司的畅销车型被国产的竞争车型夺走了市场。

这只是一个案例，但它提醒我们：在制定任何经营战略时，都不能将目光局限于公司自身，还要探讨客户与竞争对手的意识和行动，再决定自己公司的定位与行动。这种商业分析模型简称"3C分析法"。

什么是"3C分析法"？

"3C分析法"是日本战略管理大师大前研一提出的，他强调制定任何战略都必须要从公司（Corporation）、顾客（Customer）和竞争对手

（Competitor）三个角度进行思考。只有将公司、顾客与竞争者整合在同一个战略内，可持续的竞争优势才有存在的可能。

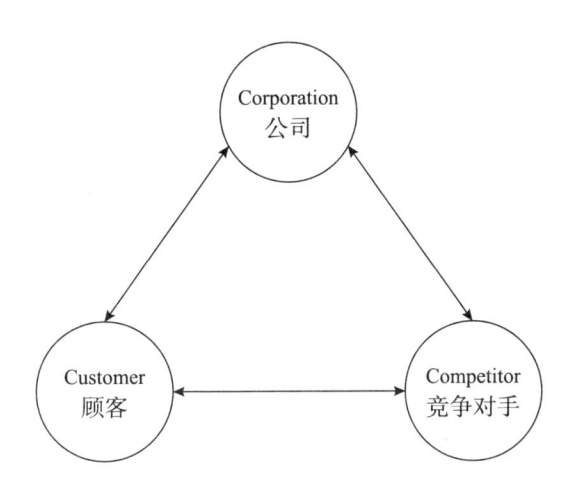

```
        Corporation
           公司
          ↗    ↘
         ↙      ↘
    Customer ←→ Competitor
      顾客        竞争对手
```

在对上述三个要素进行讲解之前，需要说明一点：这三个要素之间并不是相互独立的，而是相互联系的，关系如同三个相交的圆，既有独立之处，也有重叠之处，重叠之处意味着相关性与相似性。三要素中最重要的是顾客，企业所做的一切都是围绕着顾客进行的，说是"顾客创造了公司"也不为过。合理的、正确的顾客细分，能够促使战略达成、降低成本。

顾客：在制定战略时，要通过系统地调查分析，挖掘目标顾客的需求和喜好，并通过实时调整策略和手段，迅速建立顾客认可度和信任度。

竞争对手：俗话说"知己知彼，百战不殆"，在了解自身和顾客的具体情况的同时，还要及时、深入、清晰地了解竞争对手的情况，并对应改进和优化自身。

公司：客观分析自身所具有的优劣势，并及时做出相应的调整，增强优势的张力，避免劣势的扩大化，保证自身的活力和竞争力。

"3C分析法"的应用实例

顾先生是一位电影导演，在圈内小有名气。去年，他遇到了一些困惑，于是向身边做管理咨询的朋友张某求助——"我们的国产电影该如何发展？"其实，针对这一问题，顾先生已经想了很多，只是内心还有许多不确定。张某从事多年咨询工作，虽然对电影行业并不太了解，但他借用"3C分析法"，向顾先生提供了一个战略分析框架。

在"3C分析法"的引领之下，顾先生迅速地作出了一番有价值的分析。

从竞争对手来看——当前美国好莱坞电影占据了国际电影市场的主导地位，如《复仇者联盟》《敢死队》《速度与激情》等，既有口碑又有票房成绩，我们要思考他们是如何赢得市场的。可能原因如下：

○ 美国好莱坞拥有完善的电影工业产业链；
○ 美国好莱坞实现了世界范围内的文化营销；
○ 拥有更先进的电影艺术和技术；
……

从用户的角度来看——好莱坞大片优势很多，但消费者只喜欢好莱坞大片吗？当然不是。据顾先生了解，大家是什么片子口碑好就看什么片子。比如，印度的《摔跤吧！爸爸》、日本的《小偷家族》，以及中国的《战狼》《我不是药神》等很多电影都有不错的口碑和票房。

在分析了这两方面的因素之后，张某给出建议："从国产电影或者公司的角度来看，相对于竞争对手来说，你认为还有哪些不足的地方？如何进行弥补？另外，我们能否发挥出自身的一些独特优势？比如，融入深厚的文化内涵，特有的东方艺术，《霸王别姬》《大圣归来》《芳华》都是很好的例子……"

3C分析法看起来十分简单，就是从自身、顾客和竞争对手三个角度进行分析，但实践起来却并不容易，经常会顾此失彼。如：只想着自己能提供什么产品，不管用户需不需要；关注了用户，为用户提供了好产品，却忽略了竞争对手；只看竞争对手在干什么，不考虑自身情况就盲目跟风。这些都是不可取的。

头脑风暴

几年前，笔者认识了一位咨询公司的老板。当时，他的公司刚刚组建，下设三个部门：管理咨询部、管理传播部和培训部，分别负责为客户提供管理咨询服务、出版一些企业管理方面的书刊、为客户提供企业内训服务。他希望这三个部门能把自己的一些资源运用到项目中，争取多实现一些盈利。

在最初的一年里，这个办法是可行的。可渐渐地，随着老资源的枯竭，这三个部门开始纷纷寻找自己的市场。鉴于这种情况，公司又成立了一个市场部，专门负责市场开发。可是，业务人员发现，他们开发的每一个企业客户都有可能成为这三个部门的潜在客户，管理咨询部能为它做咨询项目，培训部门可以为它做企业内训，管理传播部可以为它做出版服务。这样一来，三个部门整天围着市场部转，把业务人员忙得团团转，市场开发进展却很缓慢。在这种状况下，员工变得越来越懈怠，有些人才也因此流失了。

原本是一家能够提供全面服务的管理咨询公司，就这样走向衰败了。公司老板几经反思，最终找到了失败的原因：只重分工，不重合作。公司在建立之初就应当设立市场部，专门开发新市场，因为仅靠老资源是远远不够的；当初下设的三个部门，应当共享资源、加强合作，为同一个客户提供全面服务。

在很多优秀的公司每一件事都是以团队的方式来进行的，从一线的客户项目工作到公司的决策制定都是如此。这样做的好处是，可以有效调动整个团队所拥有的能力、智慧等资源，获得"1+1>2"的效果。

我们都知道，一个人的智慧和力量是有限的，而且一个人思考很容易陷入思维定式。如果能听听别人的意见，也许就会产生新的联想，跳出僵化的思维怪圈。正因为此，管理界提出了"头脑风暴法"，为的就是让成员在自由的氛围中畅所欲言，交换彼此的想法和点子，激发参与者的创意和灵感，产生新思维与新方法。

"头脑风暴法"的具体实施过程如下：

○ Step1：确认主题

"头脑风暴"要有明确具体的目标，即你想讨论的主题是什么，目的是什么。主题不宜过大或过小，也不宜限制性太强，确保每个与会者都能够理解。

○ Step2：征询想法

在集体讨论问题的过程中，每提出一个新的观念都有可能引发他人的联想。为此，要创造一种自由活跃的气氛，鼓励所有与会者各抒己见，激发人们提出各种想法。

○ Step3：记录想法

记录与会者的想法，不论好坏，不论大小，甚至是幼稚的、荒诞的想法，都要认真完整地记录下来。即使与会者提出的想法明显是错误的，也不得批评或评判。

○ Step4：总结筛选

不是所有想法都能保留最后，再次审视想法记录表，合并类似的想法，及时归纳总结，然后引导讨论的方向，不要偏题。在如此循环下，以便形成最佳的创意。

通常来说，参会的人数为10~15人，时间不超过1小时，以半小时为最佳。为了避免成员疲劳讨论，需适当控制讨论节奏。

一个人的智慧是有限的，只有集体的智慧才是无穷无尽的。众人智慧的碰撞犹如催化剂，能够引发大脑思维的连锁反应，甚至还会催生出一项项成功的发明与创造。

时间管理象限法

鲁迅说："生命是以时间为单位的，浪费别人的时间等于谋财害命，浪费自己的时间等于慢性自杀。"在所有的资源中，唯有时间是不可保存、不可转换，也不能停止的。时间永远是短缺的，它没有弹性，也找不到替代品。做时间的掌舵者，就是要合理地规划自己的时间，提高工作效率，避免陷入"事务主义"。

分辨事情的重要性、紧急性是合理规划时间的第一步，也是一个令人困惑的问题。著名管理学家科维提出了时间管理的四象限法则，把工作按照重要和紧急两个不同的程度进行了划分，基本上可以分为四个"象限"：既紧急又重要、重要但不紧急、紧急但不重要、既不紧急也不重要。

- 第一象限

特点：这个象限中的事项具有时间的紧迫性和影响的重要性，无法回避也不能拖延，必须优先解决。

示例：客户投诉、即将到期的任务、生产事故、重大谈判等。

处理方式：应立即去做，尽快完成，并分配25%~30%的精力。

注意：应尽量减少进入此象限的次数，以防压力和疲惫。

- 第二象限

特点：这个象限中的事项虽然重要，但并不紧急，因此容易被忽视。然而，这些事项具有重大的影响，对于个人或者企业的存在和发展以及周围环境的建立维护，都具有重大的意义。

示例：建立人际关系、人员培训、制订防范措施、制定长期规划等。

处理方式：应提前启动，制订计划，并按时完成。需要设立开始和完成日期，然后按照时间计划逐项、逐点落实。可以分配50%的精力。

注意：这个象限的工作是应该着重去处理的，当我们把这个象限的事情做好后，第一象限的事情自然而然就少了。

- 第三象限

特点：这个象限中的事项紧急但并不重要，它们通常会占用我们的时间，打断我们的工作节奏。

示例：电话铃声、不速之客、部门会议、无谓的电话等。

处理方式：可以授权他人去做，或者找工具帮助快速完成，或者跟对方约定一个其他时间完成。应分配15%~20%的精力。

注意：不能简单地认为紧急的就是重要的，需要评估该事务相对于手头其他事务的重要程度，然后再做出决定。

- 第四象限

特点：这个象限中的事项既不紧急也不重要，它们纯粹是消磨时间的事情。

示例：上网、闲谈、发朋友圈等。

处理方式：可以适当在这种状态中休息一下，但不应过度沉迷其中。可以分配5%以下的精力。

通过运用时间"四象限"法，我们可以更好地规划和管理自己的时间，提高工作效率和生活质量。在实际操作中，可以根据个人情况和具体任务进行调整和优化。

工作日志

俗话说，好记性不如烂笔头，仅仅依靠大脑记忆是不够的，还需养成记录工作日志的习惯,及时对每天的工作进行总结,为接下来的工作提供参考。

工作日志是对每天工作情况的记录和总结,记录工作日志可以使自己清楚地知道一天的工作内容,进而可以及时发现并了解还有哪些工作做得不够,需要及时改进和提高。

比如从事销售的人员,在每天的工作当中,可以记录下来给每个客户打电话的情况。当你认真记录下当时的沟通情况,就会发现,在和客户沟通的时候,不同的客户会对你的产品或者工作提出不同的问题和疑问。当第二次再给客户打电话的时候,就可以针对之前客户提出的问题,通过系列方案打消客户的疑虑,可以为你跟客户顺利合作打下良好的基础。

工作日志对今后的工作帮助很大。

(1)培养严谨的工作作风。

严谨的工作作风是在点滴之间培养起来的。只有把工作中的点点滴滴都做到了,才能把工作做好。由点及面、由浅到深。怎样才能不遗忘或漏掉这些"点点滴滴"呢?那就要靠良好的工作习惯——工作日志来解决这个问题了。只有在工作当中多记、多想,才不会疏漏这些小点滴、小事情。因此,工作日志能培养严谨的工作作风。

(2)工作条理清晰,增强了思维的逻辑性。

在你写工作日志的时候,当你把记忆中的东西转变成书面文字时,必定要对已完成的工作在大脑中进行一番整理。这个过程保证了大脑的清晰性,使工作内容更加透明,工作条理更加清晰,增强了思维的逻辑性，使你更自信地面对每天繁重的业务和激烈的市场竞争。

工作日志的构成应该包括以下内容：

A.每天工作事项的记录

刚开始可以简单地记录下每天的工作事项，在记录中你会发现，每天只记做完的工作，那么没完的工作怎么办呢？每天怎么总是完不成工作计划？明天一定要完成！从而树立起坚强的意志，激励自己不断前行。

B.每天遇到工作问题的记录

开始写工作日志的时候，可能是简单的问题记录，俗话说，熟能生巧，只有和每天面对的问题见面的次数多了、熟了，才能找到解决的好办法。对问题处理得好，可以借鉴，以后应用到类似问题上；处理得不好可以再通过记录、分析，找出更好的解决方法。

C.工作心得的记录

在每天写工作日志的时候，你会发现你的思维清晰了，逻辑性加强了，进而个人的工作心得和看法也增加了，自己处理问题和挫折的能力也有了。清楚地了解自己的个性定位，对今后的人生发展有百利而无一害。

D.计划第二天的工作安排

把自己能预想到的第二天应该做的工作和该处理的问题简单列出来，使自己在第二天能第一时间处理这些事情，从而形成严谨的工作作风，培养自己有计划有目的的工作习惯。

养成写工作日志的习惯是一个对个人成长和职业发展都非常有益的过程。以下是一些实用的建议，帮助你逐步建立起这一良好习惯：

○ 明确目的

首先，明确你写工作日志的目的。是为了记录日常工作的进展？还是为了反思工作中的得失？或者是为了规划未来的职业发展？明确目的后，你会更有动力去坚持这一习惯。

○ 设定固定时间

选择一天中你感觉最舒适、最有精力的时间段来写工作日志。可以是每天工作结束后，也可以是第二天早上开始工作前。设定固定的时间有助于你形成习惯，避免遗忘。

○ 简化记录过程

为了降低记录的难度，你可以使用简单的模板或工具来记录工作日志。例如，你可以列出每天的主要任务、完成情况、遇到的问题以及解决方案等。保持记录的简洁性，有助于你更快地养成习惯。

○ 设置提醒

利用手机、电脑等设备的提醒功能，设置每天写工作日志的提醒。这可以帮助你在忙碌的工作中不忘记录，逐渐将写工作日志融入你的日常习惯中。

○ 及时回顾与调整

写工作日志不仅仅是为了记录，更重要的是为了回顾与调整。定期回顾你的工作日志，分析工作中的得失，总结经验教训，并根据需要调整你的工作方法和习惯。

○ 寻求外部监督

与同事、朋友或家人分享你的工作日志习惯，并邀请他们监督你的进展。外部的监督可以为你提供额外的动力，帮助你坚持这一习惯。

○ 给予自己奖励

为了激励自己坚持写工作日志，你可以设定一些小目标，并在达成后给予自己奖励。例如，连续写一周工作日志后，可以奖励自己一顿美食或一部电影。

○ 保持积极心态

最后，保持积极的心态是养成任何习惯的关键。写工作日志可能会遇到一些挑战，但请记住，这是为了你的个人成长和职业发展。保持耐心和坚持，你会逐渐发现这一习惯带来的好处。

问题拆解法

要把卫星送上地球轨道，有一个必需的条件，就是火箭要达到每秒7.9千米的第一宇宙速度。20世纪初，科学家们发现，单级火箭无论采用性能多么好的固体或液体燃料，按当时的技术所能达到的最大速度也只有每秒6千米。也就是说，在当前技术条件下，单级火箭根本达不到发射卫星的要求，更别提用更快的速度飞向月球，飞向深空了。

真的没有办法了吗？显然不是。后来有人提出"分级火箭"的想法，问题一下子就豁然开朗起来：把火箭分成若干级，第一级将其送出大气层时便自行脱落，以减轻重量。然后第二级火箭点火，加大速度继续飞行，燃料用完后关机并自行脱离。再然后第三级火箭接着点火飞行，直到速度提高到所需数值，把卫星或飞船等有效载荷送入预定轨道。

精准落实：解决问题见成效

　　火箭分级设计的思想，对我们的实际生活有很大的启示。很多时候，我们面对一项艰巨的任务，也会心存畏惧和疑虑，总觉得用尽浑身解数也无法解决。如果因此知难而退、裹足不前了，就等于未战先降，否定了我们的潜能。如果能把任务分解成若干个小任务，有针对性地去攻破，往往就能拨云见日。

　　在1984年的东京国际马拉松邀请赛中，日本选手山田本一出人意料地获得了世界冠军，在这之前，很少有人知道他的名字。他凭借什么取得如此惊人的成绩呢？

　　山田本一在他的自传中说道："每次比赛之前，我都会事先乘车仔细地观察一遍路线，然后沿途把比较醒目的标志画下来。譬如，第一个标志是银行，第二个是大树，第三个是红色房子，等等。就这样，一直画到终点。比赛开始后，我就奋力地冲向自己的第一个目标，到达了那里之后，我就会用同样的速度向第二个目标冲刺。几十公里的赛程，被我分解成了一个又一个的小目标，就这样完成了几个小目标，我就顺利地跑到了终点。最初，我并不知道这样做很有效，我总是把目标定在终点，结果我跑到一半的时候就已经感到十分疲惫了，想到前面还有如此遥远的路程，就被吓倒了。"

　　马拉松的行程就如同一个大目标，若是总想着一口气完成，走到一半的时候就会感到累，甚至被这个艰巨的任务吓倒，最终导致失败。与其想那么远，倒不如把它拆分成一个又一个小一点的目标，每走一步都觉得能看到希望，把这些目标都完成了，大目标也就圆满地实现了。

　　现实中这样的例子，还有很多。1872年，"圆舞曲之王"约翰·施特劳斯来到美国。当地有关团体很快就来访问，请求他在波士顿指挥音乐会，施特劳斯爽快地答应了。可是，谈到演出计划的时候，他却被这个规模惊人的音乐会吓了一跳。

原来，美国人想要创造一个世界之最，让施特劳斯指挥一场2万人参加演出的音乐会！一个指挥家一次指挥几百人的乐队，就已经是一件很不容易的事情了，何况是2万人？施特劳斯想了想，居然又答应了。

演出那天，音乐厅里坐满了观众。施特劳斯指挥得非常出色，2万件乐器奏起了优美的乐曲，观众们沉浸在音乐中陶醉不已。演出如此成功，得益于施特劳斯的"妙招"：他作为总指挥，下面有100名助理指挥。总指挥的指挥棒一挥，助理指挥紧跟着相应指挥起来，2万件乐器齐声奏响，合唱队的和声响起。

遇到这样别开生面的超大型演出，就算是资深的指挥家，也未必有施特劳斯的勇气和胆量。相信他在接下这个任务的时候，就已经想到了解决的办法，那就是把问题分解成多个板块，把大难题化作小难题，把大压力化解成小压力。

早年，美国有一位青年到西弗吉尼亚州兰伯堡镇访问。到了那里，他发现了一个问题：电车只通过镇外3千米远的地方，中间隔着一条两岸很高的河，必须过河才能到镇上去。经过了解，他得知在这条河上造桥很困难，费用也很高，电车公司不愿意投资这笔钱。

他对这件事产生了浓厚的兴趣。很快，他又了解到，与修桥和线路有关的单位还有铁路公司和地方政府。当时，铁路公司的火车调车

精准落实：解决问题见成效

地点与一条隧道相交叉，既阻碍交通，又很容易发生事故，如果修好了电车道，原来的道路就可以移到其他地方，这对他们是很有好处的。对于地方政府来说，如果能解决这个问题，自然会深得民心，提升政府的威望。

于是，这位聪明的年轻人就跟电车公司的领导说，如果电车公司能投资1/3，其余2/3的资金都可以由他负责解决。结果，电车公司非常高兴地同意了。接着，他又去另外两家单位，用同样的方法征得了他们的同意。前后只用了5个月的时间，大桥和线路就修好了，有关三方面和市民皆大欢喜。

这是一个更加实际的案例，让任何一方负责全部投资都很困难，但是把整个投资拆成三部分，每一方都觉得投资金额可以接受，整件事情就顺利地解决了。许多困难乍一看不可能，但若能化繁为简，把令人望而生畏的问题分解成若干小问题，往往就能快速地征服它们。对我们每个人来说，欲成为高效能的工作者，"切牛排式"的工作方法，是必备的技能，用它来处理复杂的问题，会容易很多。